EL SISTEMA MILLONARIO

LOS 7 CÓDIGOS PARA DOMINAR EL DINERO, ELIMINAR DEUDAS Y GENERAR INGRESOS AUTOMÁTICOS

INSPIRED LEGACY PRESS

EDGAR HERNÁNDEZ

INSPIRED LEGACY PRESS

CRÉDITOS

Publicado por **Inspired Legacy Press**

Sparks, Nevada, USA

ISBN: **978-1-971513-50-8**

Diseño y maquetación: Inspired Legacy Press

Logotipo: **Inspired Enterprises LLC**

Primera edición — 2025

Impreso en los Estados Unidos de América

EPÍGRAFE

"El dinero no responde a la suerte...
responde a un sistema.
Y cuando lo entiendes...
dejas de vender tu tiempo para sobrevivir...
y empiezas a construir riqueza para vivir.
Rompes el ciclo.
Cambias tu destino.
Y al dominar el sistema millonario...
creas tu libertad."

— Edgar Hernández · Inspired Legacy Press

DEDICATORIA

Este libro está dedicado a quienes se cansaron de sobrevivir.
A los que sienten que nacieron para más...
pero nunca recibieron el sistema para lograrlo.
A quienes están dispuestos a romper el ciclo,
a cuestionarlo todo,
y a construir una vida donde el dinero deje de ser una limitación...
y se convierta en una herramienta.
Si estás leyendo esto...
no es coincidencia.
Es el inicio de tu cambio.

— Edgar Hernández · Inspired Legacy Press

AGRADECIMIENTOS

Agradezco a cada experiencia que me obligó a crecer cuando no tenía otra opción.

A cada error que me enseñó más que cualquier teoría.

A cada caída que me recordó que el progreso no es cómodo... pero es necesario.

A todos aquellos que, consciente o inconscientemente, formaron parte de este camino...

porque cada obstáculo, cada duda y cada reto...

fueron piezas clave en la construcción de este sistema.

Agradezco también a quienes están listos para cambiar su vida...

porque este libro no existiría sin la necesidad real de transformación.

Y sobre todo...

agradezco la disciplina, la visión y la determinación...

porque sin ellas, ninguna idea se convierte en realidad.

Esto no es solo un libro.

Es el resultado de evolución, enfoque...

y la decisión de no conformarse.

— Edgar Hernández · Inspired Legacy Press

ÍNDICE

PRÓLOGO

Durante años, millones de personas han seguido el mismo camino...

Trabajar duro.

Ahorrar lo que se pueda.

Esperar que algún día... las cosas cambien.

Pero la realidad es otra.

El esfuerzo por sí solo no crea riqueza.

La disciplina sin dirección no genera libertad.

Y el tiempo... cuando se intercambia únicamente por dinero... siempre termina perdiéndose.

La mayoría no tiene un problema de capacidad.

Tiene un problema de sistema.

Nadie te enseñó cómo funciona realmente el dinero.

Nadie te explicó que existen reglas invisibles... que determinan quién avanza... y quién se queda atrapado.

Y mientras no entiendas esas reglas...

vas a seguir repitiendo el mismo ciclo.

Este libro no es teoría.

No es motivación vacía.

Y definitivamente no es otro conjunto de consejos que olvidarás en unos días.

Este es un sistema.

Un sistema diseñado para llevarte desde el desorden financiero...

hasta el control total.

Desde la deuda...

hasta la estabilidad.

Desde el esfuerzo constante...

hasta la creación de ingresos automáticos.

Aquí no aprenderás a “ganar más dinero”...

aprenderás a **dominarlo**.

Y cuando eso ocurre...

tu vida deja de depender de lo que haces todos los días...

y empieza a construirse sobre lo que ya creaste.

Si estás leyendo esto...

no es casualidad.

Es el momento en el que decides dejar de improvisar...

y empezar a operar con un sistema.

Porque la diferencia entre quienes sobreviven...

y quienes construyen riqueza...

no es la suerte.

Es el sistema.

INTRODUCCIÓN

La mayoría de las personas participa en un sistema económico que no comprende.

Trabaja.

Genera ingresos.

Consume.

Repite.

El proceso es estable, predecible y funcional a nivel colectivo.

Pero, a nivel individual, tiene una limitación clara:

No está diseñado para construir riqueza.

El problema no es la falta de ingresos.

Es la ausencia de una estructura que permita conservarlos, dirigirlos y multiplicarlos.

Esta distinción es fundamental.

El ingreso es un flujo.

La riqueza es una acumulación.

El primero depende de tu actividad.

La segunda depende de tu sistema.

Mientras una persona dependa exclusivamente de su tiempo para generar dinero, su crecimiento estará condicionado por una restricción inevitable: la cantidad de horas disponibles.

Ese límite no puede optimizarse indefinidamente.

Solo puede superarse mediante un cambio de modelo.

Sin embargo, la mayoría no modifica el modelo.

Solo incrementa su participación dentro de él.

Trabaja más.

Busca mejores ingresos.

Aumenta su esfuerzo.

Pero el resultado estructural se mantiene.

Porque el problema no es la intensidad…

es el diseño.

Aquí es donde aparece la diferencia entre quienes permanecen estancados y quienes avanzan de forma consistente.

No está en el punto de partida.

Está en la forma de operar.

Dos personas pueden generar ingresos similares durante años.

Una no acumula.

La otra construye.

La diferencia no es circunstancial.

Es sistemática.

Decisiones repetidas bajo una estructura coherente generan crecimiento.

Decisiones aisladas sin estructura generan dispersión.

Este libro parte de esa premisa.

No propone aumentar ingresos como solución principal.

Propone reorganizar la forma en la que se gestionan.

Porque sin control, no hay acumulación.

Y sin acumulación, no hay inversión.

Y sin inversión, no hay escalamiento.

El Sistema Millonario es un modelo diseñado para resolver ese problema.

Está dividido en siete códigos.

Cada uno representa un nivel operativo dentro del proceso de construcción de riqueza:

Mentalidad.

Control.

Liberación.

Acumulación.

Inversión.

Automatización.

Escala.

No son conceptos independientes.

Son etapas interconectadas.

El orden no es opcional.

Es funcional.

Intentar invertir sin control previo genera pérdida.

Intentar escalar sin estructura genera colapso.

La mayoría fracasa no por falta de información,
sino por falta de secuencia.

Este sistema establece esa secuencia.

Define qué hacer,
en qué momento hacerlo,
y bajo qué lógica.

No promete resultados inmediatos.

No elimina la necesidad de ejecución.

Pero introduce algo que normalmente está ausente:

Un marco operativo claro.

Cuando el modelo es correcto,
los resultados dejan de depender de la intuición
y comienzan a responder a la estructura.

Ese es el objetivo de este libro.

No motivar.

No simplificar.

No entretener.

Sino establecer un sistema que permita pasar de ingreso a acumulación,

de acumulación a inversión,

y de inversión a escalamiento.

El proceso no es complejo.

Pero requiere precisión.

Y todo comienza con una decisión básica:

Dejar de operar sin estructura.

PARTE I

DESPERTAR

A lo largo de la historia, la mayoría de las personas ha vivido bajo una misma estructura invisible:

Intercambiar tiempo por dinero.

No es una coincidencia.

Es un modelo.

Un modelo que funciona lo suficientemente bien como para sostener el sistema...

pero no lo suficientemente bien como para generar libertad.

Desde la revolución industrial, el valor del individuo fue reorganizado en función de su capacidad de producir dentro de un horario, en un lugar específico y bajo condiciones definidas por otros. A cambio, recibe un ingreso.

Ese modelo resolvió un problema económico masivo.

Pero también creó una limitación estructural:

Tu ingreso está directamente ligado a tu tiempo.

Y eso tiene una consecuencia inevitable.

Si tu tiempo es finito…

tu crecimiento también lo es.

Aquí es donde aparece la primera distorsión psicológica.

La mayoría de las personas no cuestiona el modelo.

Lo internaliza.

Cree que si no avanza es porque no se esfuerza lo suficiente.

Porque no es disciplinada.

Porque "algo le falta".

Pero en muchos casos…

no es un problema de esfuerzo.

Es un problema de diseño.

Estás operando dentro de un sistema que no está optimizado para generar acumulación de riqueza…

sino para mantener flujo constante de trabajo.

Y mientras no lo veas…

vas a intentar resolverlo desde el lugar equivocado.

Trabajar más horas.

Buscar otro empleo.

Aumentar ingresos.

Sin darte cuenta de que estás aumentando la intensidad…

pero no cambiando la estructura.

La economía personal funciona bajo principios simples, pero poco enseñados:

El ingreso activo es lineal.

La riqueza es exponencial.

El primero depende de tu presencia.

El segundo depende de lo que construyes.

Sin embargo, la mayoría nunca hace la transición entre uno y otro.

No porque no pueda…

sino porque nunca fue entrenada para hacerlo.

Desde una perspectiva psicológica, esto genera un patrón repetitivo:

Recompensa inmediata → gasto → reinicio.

No hay acumulación.

No hay sistema.

No hay dirección.

Solo movimiento constante.

Y el movimiento constante...

puede dar la ilusión de progreso.

Pero no es lo mismo que avanzar.

Ahora considera esto:

Dos personas pueden ganar lo mismo.

Una permanece estancada durante años.

La otra construye estabilidad, luego crecimiento, y eventualmente libertad.

La diferencia no está en cuánto ganan.

Está en cómo operan.

En las decisiones que toman.

En la estructura que siguen.

En el nivel de conciencia que tienen sobre el dinero.

Ese es el punto de quiebre.

El momento en el que dejas de reaccionar...

y empiezas a diseñar.

Pero ese cambio no ocurre automáticamente.

Requiere algo específico:

Ver lo que antes no veías.

Entender por qué el esfuerzo no era suficiente.

Por qué el ingreso no resolvía el problema.

Y por qué el modelo que seguías... tenía un límite incorporado.

Eso es despertar.

No es motivación.

No es entusiasmo.

No es energía momentánea.

Es claridad.

Y una vez que tienes claridad...

ya no puedes operar de la misma forma.

Esta primera parte no busca darte respuestas rápidas.

Busca algo más importante:

Reestructurar la forma en la que entiendes el dinero, el trabajo y la construcción de riqueza.

Porque si no cambias eso primero...

todo lo demás será temporal.

Lo que estás a punto de leer no es un conjunto de consejos.

Es el inicio de un cambio estructural en tu manera de pensar.

Y ese cambio...

es el único punto de partida real.

1

EL ORIGEN DEL ESTANCAMIENTO FINANCIERO

El estancamiento financiero rara vez es el resultado de falta de esfuerzo.

En la mayoría de los casos, es el resultado de operar dentro de un modelo que tiene límites definidos desde el inicio.

Ese modelo es conocido: intercambiar tiempo por dinero.

Funciona.

Pero tiene una característica que no suele cuestionarse:

Es lineal.

Tu ingreso está directamente relacionado con la cantidad de tiempo que puedes invertir y con el valor que otros asignan a ese tiempo.

Eso implica dos restricciones:

Primero, el tiempo es finito.

Segundo, el control sobre el ingreso no es completamente tuyo.

Aun cuando aumentas tu esfuerzo, mejoras tus habilidades o accedes a mejores oportunidades, el crecimiento sigue dependiendo de una variable que no puedes expandir indefinidamente: tu disponibilidad.

Aquí es donde aparece la primera contradicción.

Se promueve la idea de que trabajar más es la solución.

Pero trabajar más dentro de un sistema lineal...

solo incrementa la intensidad, no cambia la estructura.

Puedes avanzar en ingresos.

Pero no necesariamente en acumulación.

Y sin acumulación, no hay transición hacia riqueza.

Este punto es clave.

Porque muchas personas confunden mejora temporal con progreso real.

Ganar más dinero durante un periodo no implica haber resuelto el problema estructural.

Si el dinero no se conserva, no se organiza y no se dirige, el resultado es predecible:

El ciclo se repite.

Ingreso.

Consumo.

Reinicio.

Desde una perspectiva práctica, esto no es un error individual.

Es una consecuencia lógica de no tener un sistema.

Sin una estructura definida, cada decisión financiera se vuelve aislada.

No hay continuidad.

No hay dirección.

No hay acumulación sostenida.

Solo hay movimiento.

Y el movimiento, por sí solo, no garantiza avance.

Dos personas pueden moverse constantemente durante años.

Una permanece en el mismo lugar.

La otra progresa de forma consistente.

La diferencia no está en cuánto hacen.

Está en cómo está organizado lo que hacen.

Aquí es donde entra el concepto de apalancamiento.

El ingreso basado en tiempo es directo: trabajas, produces, recibes.

El crecimiento basado en sistema es indirecto: construyes, estructuras, y luego operas sobre lo que ya existe.

Esa diferencia cambia todo.

Porque en el primer caso, cada resultado depende de tu presencia.

En el segundo, los resultados comienzan a independizarse de ella.

El problema es que la mayoría nunca hace esa transición.

No porque no tenga la capacidad,

sino porque sigue optimizando un modelo que tiene un límite inherente.

Se vuelve más eficiente dentro de la misma estructura...

sin darse cuenta de que la estructura es el problema.

Esto genera una ilusión de progreso.

Más ingresos.

Más actividad.

Más esfuerzo.

Pero el resultado final no cambia de forma significativa.

El tiempo sigue siendo el factor dominante.

Y mientras el tiempo sea el factor dominante...

el crecimiento estará condicionado.

Aquí es donde el estancamiento se vuelve persistente.

No es inmediato.

No es evidente al inicio.

Pero con el tiempo, se vuelve claro:

No importa cuánto se intente...

hay un techo.

Ese techo no es personal.

Es estructural.

Y no se rompe con más esfuerzo.

Se rompe con un cambio de modelo.

Ese cambio comienza cuando dejas de medir el progreso únicamente en términos de ingreso...

y empiezas a medirlo en términos de control, acumulación y capacidad de multiplicación.

Ese es el primer paso fuera del estancamiento.

No hacer más.

Sino operar diferente.

Porque mientras el modelo no cambie...

el resultado tampoco lo hará.

2

LA CAUSA REAL DE LA DISPERSIÓN FINANCIERA

El problema no es cuánto dinero ganas.

Es cómo lo gestionas.

Esta afirmación suele subestimarse, porque la percepción más común es directa: más ingresos deberían traducirse en una mejor situación financiera.

En la práctica, eso no ocurre de forma automática.

Personas con ingresos distintos pueden terminar en el mismo punto.

Y personas con ingresos similares pueden tener resultados completamente opuestos.

La diferencia no está en el dinero que entra.

Está en lo que sucede después.

Aquí aparece el error más frecuente:

Tratar el dinero como flujo… pero no como sistema.

Se recibe ingreso.

Se distribuye sin estructura.

Se consume sin dirección.

Y el proceso se repite.

No hay acumulación significativa.

No hay criterio definido.

No hay continuidad.

Cada decisión financiera se toma de forma aislada.

Ese es el problema.

Porque sin una estructura clara, el dinero no se organiza por sí solo.

Tiende a dispersarse.

Desde una perspectiva práctica, esto genera un patrón constante:

El ingreso aumenta…

y el gasto se ajusta.

El nivel de vida cambia…

pero la posición financiera se mantiene.

Este fenómeno no es accidental.

Es estructural.

Cuando no existe un sistema de control, el dinero se adapta al comportamiento, no al objetivo.

Y el comportamiento, en ausencia de reglas, responde a impulsos inmediatos:

Comodidad.

Consumo.

Recompensa.

El resultado es predecible:

No hay acumulación sostenida.

Y sin acumulación, no existe punto de partida para construir algo mayor.

Aquí es donde la mayoría queda atrapada.

Porque interpreta el problema de forma incorrecta.

Asume que necesita ganar más.

Pero si el patrón no cambia, el resultado tampoco lo hará.

Más ingreso, bajo la misma estructura,

solo amplifica el mismo comportamiento.

Más gasto.

Más dispersión.

Mismo resultado.

Por eso es común observar algo que, en apariencia, no tiene sentido:

Personas que aumentan significativamente sus ingresos...

pero no mejoran su posición financiera de forma proporcional.

El problema no es el ingreso.

Es la ausencia de control.

Y el control no es restricción.

Es dirección.

Implica decidir con claridad qué función cumple cada parte del dinero que entra.

Qué se conserva.

Qué se utiliza.

Qué se proyecta.

Sin ese nivel de definición, el dinero pierde propósito.

Se convierte en algo que llega y se va, sin generar efecto acumulativo.

Ese es el punto crítico.

Porque la riqueza no se construye a partir del ingreso...

sino a partir de lo que se conserva y se organiza.

Este es el primer cambio real de enfoque:

Dejar de pensar en ganar más...

y empezar a pensar en retener y dirigir mejor.

No como una estrategia temporal,

sino como una estructura permanente.

Porque antes de multiplicar el dinero,

es necesario aprender a controlarlo.

Y sin control, cualquier intento de crecimiento será inestable.

Este es el error que sostiene el ciclo.

Y también es el primer punto donde puede romperse.

No aumentando el ingreso…

sino cambiando la forma de operar.

PARTE II

EL SISTEMA MILLONARIO

Hasta este punto, has visto el problema desde una perspectiva estructural.

No se trata de falta de esfuerzo.

Ni de falta de ingresos.

Se trata de operar dentro de un modelo que no permite acumulación sostenida.

Entender esto es necesario.

Pero no es suficiente.

Porque identificar el problema no lo resuelve.

Solo lo hace visible.

Lo que sigue es más exigente:

Reemplazar el modelo.

El Sistema Millonario no es una idea general ni un conjunto de recomendaciones aisladas.

Es una secuencia.

Un proceso dividido en siete niveles, donde cada uno

cumple una función específica dentro de la construcción de riqueza.

El orden no es arbitrario.

Intentar avanzar sin respetarlo genera inconsistencias.

Aplicarlo correctamente genera continuidad.

Cada código responde a una pregunta concreta:

Cómo piensas.

Cómo controlas.

Cómo te liberas.

Cómo acumulas.

Cómo inviertes.

Cómo automatizas.

Cómo escalas.

Estas etapas no son independientes.

Funcionan como un sistema.

La ausencia de uno afecta a los demás.

La ejecución correcta de uno fortalece el siguiente.

Este es el punto donde la mayoría falla.

No por falta de información,

sino por falta de estructura.

Intenta invertir sin control previo.

Busca ingresos adicionales sin haber resuelto deudas.

Aumenta su capacidad sin haber definido un sistema.

El resultado es inestable.

Porque sin secuencia, no hay consistencia.

Este modelo corrige ese problema.

No simplifica el proceso.

Lo organiza.

Define qué construir primero.

Qué optimizar después.

Y en qué momento escalar.

No depende de condiciones extraordinarias.

Pero sí requiere algo específico:

Aplicación consciente.
Cada código implica un ajuste en la forma de operar.
No solo en lo que haces,
sino en cómo decides.
Ese cambio es progresivo.
No ocurre de forma inmediata.
Pero cuando se ejecuta correctamente, se acumula.
Y la acumulación, con el tiempo, se vuelve evidente.
Ese es el propósito de esta sección.
No presentar ideas.
Sino establecer un sistema operativo.
Porque cuando la estructura es clara,
la ejecución deja de ser confusa.
Y cuando la ejecución es consistente,
los resultados dejan de ser aleatorios.
A partir de este punto, el enfoque cambia.
De comprender...
a aplicar.
Y ese cambio define todo lo que sigue.

3

CÓDIGO 1 — MENTALIDAD MILLONARIA

Antes de modificar cualquier resultado financiero, es necesario modificar el punto desde el cual se toman las decisiones.

Ese punto no es visible.

No es el ingreso.

No es el gasto.

No es la inversión.

Es la interpretación.

La forma en la que una persona entiende el dinero determina, de manera directa, cómo lo utiliza.

Dos individuos pueden enfrentarse a la misma situación económica y actuar de forma completamente distinta. No por diferencias en capacidad, sino por diferencias en criterio.

Ese criterio no aparece de forma espontánea.

Se forma con el tiempo, a partir de referencias, experiencias y modelos observados.

El problema es que, en la mayoría de los casos, ese proceso ocurre sin intención.

Se adoptan ideas sin analizarlas.

Se repiten patrones sin cuestionarlos.

Se toman decisiones sin comprender su origen.

Y con el tiempo, eso se convierte en una forma de operar.

Aquí es donde surge la primera limitación estructural.

No se trata de falta de información.

Se trata de interpretación incorrecta de la información disponible.

El dinero no se gestiona únicamente con conocimientos técnicos.

Se gestiona con criterios.

Qué se considera una buena decisión.

Qué se percibe como riesgo.

Qué se prioriza en el corto y en el largo plazo.

Sin un marco claro, estas variables se resuelven de forma inconsistente.

Y la inconsistencia, sostenida en el tiempo, impide cualquier proceso de acumulación.

Por eso, antes de hablar de control, inversión o crecimiento, es necesario establecer una base distinta.

No en lo que haces,
sino en cómo decides.

La mentalidad, en este contexto, no es una idea abstracta ni una postura optimista.

Es una estructura operativa.

Define cómo interpretas el valor.

Cómo evalúas oportunidades.

Y cómo asignas recursos.

Sin esa estructura, cualquier sistema pierde estabilidad.

Porque las decisiones que lo sostienen no tienen coherencia.

Este código no busca cambiar lo que piensas de forma superficial.

Busca algo más preciso:

Reorganizar el marco desde el cual operas.

Eso implica identificar el modelo actual, entender sus limitaciones y reemplazarlo por uno funcional.

No es un proceso inmediato.

Pero es necesario.

Porque todos los códigos que siguen dependen de este.

El control requiere criterio.

La inversión requiere comprensión.

La escala requiere dirección.

Y ninguno de esos elementos puede sostenerse sin una base mental clara.

Este es el punto de partida real del sistema.

No una técnica.

No una herramienta.

Sino una forma distinta de entender el juego.

Y esa diferencia, aunque no es visible al inicio,
termina definiendo todo lo demás.

4

CAPÍTULO 1 - EL MODELO MENTAL EQUIVOCADO

La mayoría de las decisiones financieras no son el resultado de análisis consciente.

Son el resultado de patrones.

Patrones adquiridos con el tiempo, repetidos sin cuestionamiento y ejecutados de forma automática.

Ese conjunto de patrones forma lo que puede definirse como un modelo mental.

Un marco desde el cual se interpreta el dinero, el trabajo y el valor.

El problema no es tener un modelo.

El problema es no saber cuál es.

Porque cuando no se identifica, tampoco se puede evaluar.

Y cuando no se evalúa, se asume como correcto.

En la mayoría de los casos, ese modelo tiene un origen común:

Intercambiar tiempo por estabilidad.

Se prioriza seguridad.

Se evita incertidumbre.

Se valora la previsibilidad por encima del crecimiento.

Este enfoque es comprensible.

Permite sostener un ingreso, reducir el riesgo inmediato y mantener una estructura funcional.

Pero tiene una limitación clara:

No está diseñado para construir riqueza.

Está diseñado para mantener continuidad.

Bajo este modelo, las decisiones siguen una lógica específica.

Se busca ingreso inmediato.

Se evita cualquier variación que pueda comprometerlo.

Se prioriza el corto plazo sobre el largo.

Esto tiene consecuencias.

Primero, limita la capacidad de asumir riesgos calculados.

No porque el riesgo sea negativo,

sino porque no se entiende.

Segundo, impide la transición hacia estructuras que no dependen directamente del tiempo.

Se permanece en lo conocido, incluso cuando ese modelo tiene un límite evidente.

Tercero, genera una falsa percepción de progreso.

Se trabaja más.

Se gana más.

Pero no se construye.

El resultado es coherente con el modelo.

Hay movimiento.

Pero no hay acumulación significativa.

Aquí es donde aparece la contradicción.

Se busca mejorar resultados sin modificar el marco que los produce.

Se intenta optimizar dentro del mismo sistema que genera la limitación.

Y eso, por definición, tiene un alcance restringido.

Este modelo mental tiene tres características principales:

Es automático.

Las decisiones no se cuestionan, se ejecutan.

Es reactivo.

Se responde a las circunstancias en lugar de anticiparlas.

Y es lineal.

Se asume que el crecimiento depende exclusivamente de mayor esfuerzo.

Mientras estas condiciones se mantengan, el resultado será predecible.

Estabilidad sin expansión.

El problema no es que este modelo sea incorrecto en todos los contextos.

El problema es utilizarlo como única forma de operar.

Porque cuando no existe una alternativa, no hay posibilidad de transición.

Y sin transición, no hay cambio estructural.

Aquí es donde comienza el ajuste.

No agregando más información,

sino identificando el marco actual.

Entender cómo decides.

Qué priorizas.

Y bajo qué lógica operas.

Porque sin esa claridad, cualquier intento de mejora será superficial.

Este capítulo no busca reemplazar inmediatamente el modelo.

Busca hacerlo visible.

Porque solo cuando es visible...
puede modificarse.
Y ese es el primer paso real dentro del sistema.
No cambiar lo que haces.
Sino entender desde dónde lo estás haciendo.

5

CAPÍTULO 2 - PENSAR EN TÉRMINOS DE SISTEMA, NO DE INGRESO

El cambio más importante en la forma de operar no ocurre cuando una persona gana más dinero.

Ocurre cuando deja de pensar en términos de ingreso...

y empieza a pensar en términos de sistema.

Esta distinción es fundamental.

El ingreso es un resultado.

El sistema es lo que lo produce.

Sin embargo, la mayoría enfoca su atención únicamente en el resultado.

Busca mejores oportunidades.

Mejores salarios.

Mejores condiciones.

Pero no modifica la estructura que genera esos resultados.

Y sin un cambio en la estructura, cualquier mejora tiende a ser temporal.

Porque el ingreso, por sí solo, no se sostiene.

Depende de condiciones externas, de demanda, de tiempo disponible y de participación constante.

Un sistema, en cambio, organiza esas variables.

Define cómo se genera el ingreso.

Cómo se distribuye.

Y cómo se transforma en acumulación.

Esta diferencia cambia completamente la forma de tomar decisiones.

Cuando una persona piensa en términos de ingreso, sus decisiones son inmediatas.

Evalúa cuánto puede ganar.

Qué opción paga más.

Qué alternativa ofrece beneficio más rápido.

Cuando una persona piensa en términos de sistema, sus decisiones son estructurales.

Evalúa sostenibilidad.

Capacidad de repetición.

Y potencial de crecimiento.

No se enfoca únicamente en cuánto entra,

sino en qué permanece y cómo evoluciona.

Este cambio no es intuitivo.

Requiere dejar de priorizar lo inmediato como único criterio.

Porque lo inmediato, aunque necesario, no construye por sí solo.

Puede generar flujo,

pero no necesariamente genera progreso.

Aquí es donde aparece otra diferencia clave.

El ingreso responde a la actividad.

El sistema responde al diseño.

Si la actividad se detiene, el ingreso se reduce.

Si el sistema está bien construido, el resultado puede mantenerse o incluso crecer.

Ese es el punto donde comienza la transición.

No cuando se gana más,

sino cuando se deja de depender exclusivamente de la actividad directa.

Pero para que eso ocurra, es necesario cambiar el enfoque.

De ejecución constante...

a construcción deliberada.

Esto implica entender que cada decisión financiera no es aislada.

Forma parte de un conjunto.

Un gasto no es solo un gasto.

Es una asignación dentro de una estructura.

Un ingreso no es solo dinero que entra.

Es una variable dentro de un sistema mayor.

Y cuando esas variables no están organizadas, el resultado es inconsistente.

Por eso, pensar en términos de sistema implica establecer reglas.

Qué porcentaje se conserva.

Qué se destina a crecimiento.

Qué se utiliza.

No como una recomendación general,

sino como una estructura definida.

Sin esa estructura, el dinero no tiene dirección.

Y sin dirección, no hay acumulación sostenida.

Este es el punto donde cambia la lógica.

No se trata de maximizar cada ingreso individual.

Se trata de optimizar el conjunto.

Porque la riqueza no se construye en decisiones aisladas,

sino en la consistencia de una estructura.

Ese es el principio central de este capítulo.

Dejar de enfocarse únicamente en cuánto dinero entra...

y empezar a definir cómo funciona el sistema que lo gestiona.

Porque cuando el sistema es correcto,
el ingreso deja de ser el problema principal.
Y cuando deja de ser el problema,
puede convertirse en una herramienta.

6

CAPÍTULO 3 - OPERAR CON INTENCIÓN

Una vez que el modelo mental ha sido identificado y la lógica del sistema ha sido comprendida, queda un paso que suele pasarse por alto:

La forma en la que se ejecuta.

Entender no es suficiente.

Muchas personas comprenden conceptos financieros correctos, pero continúan operando de la misma manera. No por falta de capacidad, sino por falta de intención en la toma de decisiones.

Aquí es donde aparece la diferencia entre conocimiento y aplicación.

El conocimiento describe.

La intención dirige.

Sin intención, las decisiones vuelven a su estado automático.

Se gasta sin evaluar.

Se ingresa sin planificar.

Se decide sin estructura.

Y el resultado, inevitablemente, se alinea con ese comportamiento.

Operar con intención implica interrumpir ese proceso automático.

No reaccionar, sino decidir.

Cada movimiento financiero deja de ser circunstancial y pasa a ser deliberado.

Esto no significa complejizar cada acción.

Significa asignarle un propósito claro.

Por qué se gasta.

Por qué se conserva.

Por qué se dirige a un área específica.

Sin esa claridad, el dinero pierde función.

Se convierte en un recurso sin dirección, que entra y sale sin generar acumulación.

La intención introduce orden.

Define prioridades.

Establece límites.

Y permite coherencia entre lo que se busca y lo que se hace.

Este punto es especialmente relevante porque conecta directamente con el siguiente nivel del sistema.

No es posible controlar lo que no se observa con claridad.

Y no se puede observar con claridad aquello que no se decide de forma consciente.

Por eso, operar con intención no es una recomendación.

Es una condición necesaria.

Cada decisión se convierte en parte de una estructura.

Cada acción contribuye a un resultado acumulativo.

Y con el tiempo, esa consistencia produce diferencia.

No inmediata.

No visible al inicio.

Pero inevitable.
Porque cuando la forma de operar cambia,
los resultados dejan de ser accidentales.
Y ese cambio no ocurre por información adicional.
Ocurre cuando cada decisión deja de ser automática…
y se vuelve intencional.

7

CÓDIGO 2 — CONTROL TOTAL DEL DINERO

La mayoría de las personas no pierde dinero por falta de ingresos.

Lo pierde por falta de control.

Esta afirmación no es intuitiva, pero es precisa.

Sin un sistema de control, cualquier ingreso —independientemente de su tamaño— tiende a dispersarse.

No por casualidad.

Por diseño.

El dinero, sin dirección, sigue el camino de menor resistencia.

Se adapta al comportamiento.

Responde a hábitos.

Y termina donde no fue planeado.

Aquí es donde aparece el segundo problema estructural.

Se intenta crecer sin haber establecido control previo.

Se busca invertir sin saber cuánto se puede conservar.

Se intenta escalar sin haber definido una base estable.

Y el resultado es inestable.

Porque el crecimiento sin control no se sostiene.
El control no es restricción.
No se trata de limitar el uso del dinero,
sino de definir su función.
Cada unidad de ingreso debe tener un propósito.
Qué parte se conserva.
Qué parte se utiliza.
Qué parte se dirige a crecimiento.
Sin esa definición, el dinero pierde coherencia.
Se convierte en flujo sin estructura.
Y el flujo sin estructura no genera acumulación.
Este es el punto donde la mayoría se queda atrapada.
No porque no gane lo suficiente,
sino porque no sabe cuánto realmente tiene disponible.
Confunde ingreso con capacidad.
Pero no todo lo que entra... se puede usar.
Una parte debe sostener el presente.
Otra debe construir el futuro.
Y esa división no puede ser arbitraria.
Debe ser definida.
El control introduce esa definición.
Permite observar con claridad.
Cuánto entra.
Cuánto se conserva.
Y hacia dónde se dirige.
Sin esa visibilidad, no hay decisión informada.
Y sin decisión informada, no hay progreso consistente.
Aquí es donde comienza la acumulación real.
No aumentando el ingreso,
sino reteniendo una parte de él de forma sistemática.
Porque antes de multiplicar el dinero,
es necesario detener su dispersión.
Este código establece esa base.

No como una técnica aislada,
sino como una estructura permanente.
Porque una vez que el dinero se controla,
deja de ser impredecible.
Y cuando deja de ser impredecible,
puede ser dirigido.
Ese es el punto de partida para todo lo que sigue.

8

CAPÍTULO 4 - LA FALTA DE VISIBILIDAD FINANCIERA

No se puede controlar lo que no se puede ver.

Esta es una de las limitaciones más comunes en la gestión del dinero, y al mismo tiempo, una de las menos reconocidas.

La mayoría de las personas no tiene un problema de ingresos.

Tiene un problema de visibilidad.

Sabe cuánto gana.

Pero no sabe cuánto realmente conserva.

Ni cómo se distribuye lo que utiliza.

Esta diferencia es crítica.

Porque el ingreso es un dato general.

La distribución es una estructura.

Y sin entender la estructura, cualquier intento de control es parcial.

Aquí es donde comienza el problema.

El dinero entra...

pero no se sigue.

Se utiliza sin registro claro.

Se asigna sin criterio definido.

Y al final del periodo, el resultado es confuso.

No se sabe con precisión en qué se utilizó.

Ni cuánto se pudo haber conservado.

Esto no es un error aislado.

Es una forma de operar.

Una forma donde el dinero se percibe como flujo continuo,

pero no como un sistema que requiere seguimiento.

Desde una perspectiva práctica, esto impide cualquier mejora.

Porque sin datos claros, no hay ajuste posible.

No se puede optimizar lo que no se entiende.

Y no se puede entender lo que no se observa.

Aquí es donde la visibilidad se vuelve fundamental.

No como una herramienta compleja,

sino como un principio básico:

Saber exactamente qué está ocurriendo con cada ingreso.

Cuánto entra.

Cuánto se mantiene.

Y hacia dónde se dirige.

Sin esta claridad, el dinero pierde trazabilidad.

Y cuando pierde trazabilidad,

pierde control.

Este punto suele subestimarse porque no genera un cambio inmediato.

Registrar, observar y organizar no produce resultados visibles en el corto plazo.

Pero establece algo más importante:

Capacidad de decisión.

Porque una vez que la información es clara,

las decisiones dejan de ser intuitivas
y comienzan a ser deliberadas.
Este es el primer paso dentro del control total.
No ajustar comportamientos.
Sino entenderlos.
No cambiar resultados de inmediato.
Sino hacerlos visibles.
Porque solo cuando el dinero deja de ser difuso...
puede empezar a ser dirigido.
Y sin dirección, no existe estructura.
Y sin estructura, no existe crecimiento.

9

CAPÍTULO 5 - DEFINIR EL CONTROL: ESTRUCTURA Y REGLAS

La visibilidad permite entender el problema.

El control permite corregirlo.

Pero el control no ocurre de forma espontánea.

No es una consecuencia automática de observar el dinero.

Es una decisión estructural.

Implica definir reglas.

Sin reglas, el comportamiento vuelve a ser automático.

Se gasta en función del momento.

Se decide en función de la urgencia.

Y el dinero sigue sin dirección.

Aquí es donde aparece una distinción importante.

Control no es restricción.

No se trata de limitar el uso del dinero,

sino de organizarlo bajo un criterio claro.

Cada ingreso debe cumplir una función.

No como una idea general,

sino como una estructura definida.

Qué parte se destina a mantener el presente.
Qué parte se conserva.
Qué parte se dirige a crecimiento.
Sin esa definición, el dinero pierde coherencia.
Se adapta al contexto...
pero no responde a un objetivo.
Este es el punto donde la mayoría falla.
Porque intenta controlar sin establecer reglas.
Observa su dinero...
pero no lo organiza.
Y sin organización, la información no produce cambio.
Aquí es donde el control se convierte en sistema.
No basta con saber cuánto se tiene.
Es necesario decidir cómo se distribuye.
Esa distribución no debe depender del estado emocional,
ni de circunstancias momentáneas.
Debe responder a una lógica.
Una lógica que se mantiene constante.
Porque la consistencia es lo que permite acumulación.
Sin consistencia, cada periodo se reinicia.
Cada ingreso se gestiona de forma distinta.
Cada decisión se toma sin referencia.
Y el resultado es inestable.
El control introduce estabilidad.
Reduce variabilidad.
Define límites.
Y permite que el dinero cumpla una función específica.
Este proceso no requiere complejidad.
Requiere claridad.
Establecer porcentajes.
Definir prioridades.
Asignar propósito.

Y, sobre todo, respetar esa estructura.
Porque una regla que no se aplica...
no es una regla.
Es una intención.
Y las intenciones no generan resultados.
Las estructuras sí.
Este es el punto donde el dinero deja de ser reactivo
y comienza a ser dirigido.
No porque cambie la cantidad,
sino porque cambia la forma en la que se organiza.
Y cuando la organización es correcta,
la acumulación deja de ser eventual
y se vuelve progresiva.
Ese es el objetivo de este capítulo.
No observar.
No analizar.
Sino definir.
Porque una vez que el control está establecido,
el dinero deja de ser incierto.
Y cuando deja de ser incierto...
puede empezar a crecer.

10

CAPÍTULO 6 - APLICAR EL CONTROL EN LA PRÁCTICA

El control no se define en teoría.
Se demuestra en la ejecución.

Hasta este punto, la estructura ha sido clara:

visibilidad para entender,

reglas para organizar.

Pero ninguna de estas dos cosas produce resultados por sí sola.

El cambio ocurre cuando ambas se aplican de forma consistente.

Aquí es donde la mayoría falla.

No porque no entienda lo que debe hacer,

sino porque no lo integra en su forma de operar.

El control deja de ser efectivo cuando se aplica de forma intermitente.

Registrar durante unos días.

Organizar solo cuando hay presión.

Ajustar únicamente cuando el dinero se reduce.

Ese enfoque no genera estabilidad.

Genera reacción.

Y reaccionar no es controlar.

Controlar implica continuidad.

Cada ingreso se registra.

Cada decisión se evalúa.

Cada asignación responde a la misma estructura.

Sin excepción.

Porque una excepción repetida deja de ser excepción...

y se convierte en patrón.

Este es el punto crítico.

El sistema no falla por falta de diseño.

Falla por falta de consistencia.

Y la consistencia no es intensidad.

No requiere esfuerzo extremo,

sino repetición precisa.

Aplicar el control en la práctica significa operar bajo las mismas reglas,

independientemente de la cantidad.

Cuando el ingreso es alto.

Cuando el ingreso es bajo.

Cuando hay presión.

Y cuando no la hay.

Porque el objetivo no es reaccionar al dinero,

sino dirigirlo.

Esto implica algo concreto:

Eliminar la improvisación.

Cada ingreso ya tiene un destino definido.

Cada uso ya tiene una función asignada.

No se decide en el momento.

Se ejecuta lo que ya fue establecido.

Esa es la diferencia entre intención y sistema.

La intención decide en el presente.

El sistema define antes de que ocurra.

Este enfoque reduce la fricción.

Evita decisiones innecesarias.

Y elimina la dependencia del estado emocional.

El dinero deja de depender de cómo te sientes...

y pasa a depender de cómo operas.

Ese cambio es fundamental.

Porque la mayoría no pierde control por falta de conocimiento,

sino por falta de consistencia en la ejecución.

Aplicar el control no es complejo.

Pero sí es exigente.

Requiere mantener la estructura incluso cuando no parece necesario.

Porque es precisamente en esos momentos donde se define la diferencia.

El resultado de este proceso no es inmediato.

Pero es acumulativo.

Y la acumulación, sostenida en el tiempo,

termina generando estabilidad.

Esa estabilidad es la base.

Sin ella, no se puede avanzar al siguiente nivel.

Con ella, todo lo demás se vuelve posible.

Porque cuando el dinero está bajo control,

deja de ser una variable impredecible.

Y cuando deja de ser impredecible...

puede ser utilizado con precisión.

11

CÓDIGO 3 — LIBERACIÓN DE DEUDAS

La deuda no es únicamente una obligación financiera.

Es una limitación operativa.

Reduce la capacidad de decisión.

Compromete ingresos futuros.

Y condiciona cualquier intento de crecimiento.

Desde una perspectiva estructural, la deuda actúa como un freno.

No impide avanzar por completo,

pero reduce la velocidad y aumenta la fricción.

Por eso, intentar construir riqueza sin haber gestionado correctamente las deudas genera inestabilidad.

Se intenta invertir sin haber liberado flujo.

Se busca acumular mientras existe una salida constante de capital.

Y el resultado es inconsistente.

Porque el sistema está dividido.

Una parte intenta crecer.

La otra está comprometida a cubrir decisiones pasadas.

Aquí es donde aparece la diferencia entre deuda funcional y deuda limitante.

No toda deuda es negativa.

Pero toda deuda mal gestionada lo es.

Cuando no existe una estrategia clara para reducirla,

se convierte en un ciclo.

Pago mínimo.

Intereses acumulados.

Reinicio.

Este patrón no se rompe con intención.

Se rompe con estructura.

La mayoría comete un error específico:

Intenta eliminar deudas de forma desordenada.

Paga lo que puede.

Prioriza lo urgente.

Responde a la presión.

Pero no sigue un criterio definido.

Y sin criterio, no hay progreso medible.

La liberación de deudas no depende únicamente de cuánto se paga.

Depende de cómo se organiza el proceso.

Qué deuda se ataca primero.

Bajo qué lógica.

Y con qué consistencia.

Sin esa organización, el avance es lento y, en muchos casos, reversible.

Porque mientras no se elimine el origen del problema,

el ciclo puede repetirse.

Este código no trata de eliminar todas las deudas de inmediato.

Trata de establecer un sistema para salir de ellas de forma definitiva.

Recuperar control sobre el flujo.

Reducir fricción.
Y liberar capacidad operativa.
Porque solo cuando el flujo deja de estar comprometido,
el sistema puede avanzar al siguiente nivel.
Ese es el objetivo.
No reaccionar a la deuda…
sino resolverla estructuralmente.
Y ese proceso comienza con una decisión clara:
Dejar de sostener el ciclo.

12

CAPÍTULO 7 - LA VERDADERA NATURALEZA DE LA DEUDA

La mayoría de las personas entiende la deuda como una obligación.

Algo que se debe pagar.

Algo que se debe resolver.

Algo que, con el tiempo, desaparecerá.

Pero esa es una interpretación incompleta.

La deuda no es solo una cantidad pendiente.

Es una transferencia de control.

Cada vez que una deuda existe, una parte de tus ingresos futuros ya no te pertenece completamente.

Está comprometida.

Esto cambia la forma en la que deberías entenderla.

Porque no se trata únicamente de cuánto debes,

sino de cuánto de tu capacidad futura ya está asignada.

Y esa asignación tiene consecuencias.

Reduce tu margen de decisión.

Limita tu capacidad de inversión.

Y condiciona tu crecimiento.

Desde una perspectiva estructural, la deuda introduce rigidez.

Te obliga a mantener flujo constante.

Te impide reducir actividad.

Y te expone a mayor riesgo ante cualquier interrupción.

Por eso, no es neutral.

Afecta directamente tu sistema.

Aquí es donde aparece una distinción importante que pocas veces se explica con claridad:

No toda deuda es igual...

pero toda deuda tiene un costo más allá del interés.

Ese costo es operativo.

Menos flexibilidad.

Menos capacidad de maniobra.

Menos margen para construir.

La mayoría evalúa la deuda en términos financieros.

Tasa de interés.

Plazo.

Monto.

Pero rara vez la evalúa en términos de impacto estructural.

Cómo afecta su flujo.

Cómo limita sus decisiones.

Cómo condiciona su futuro.

Y ahí es donde se comete el error.

Porque una deuda puede parecer manejable en números...

pero limitante en estructura.

Aquí es donde el problema se vuelve persistente.

Se normaliza.

Se acepta como parte del sistema.

Como algo inevitable.

Como una condición estándar.

Y al normalizarla, se deja de cuestionar.

Pero la deuda no debería ser permanente.

Debería ser transitoria.

Una herramienta, en ciertos contextos,

pero no una base.

El problema es que, sin una estrategia clara, deja de ser herramienta...

y se convierte en ciclo.

Pago mínimo.

Intereses.

Continuidad.

Ese patrón no se rompe por intención.

Se rompe cuando cambia la forma de entenderla.

Cuando deja de verse como algo "normal"...

y se reconoce como una limitación directa sobre el sistema.

Ese es el primer cambio real.

No pagar más.

No pagar más rápido.

Sino entender exactamente qué representa.

Porque cuando entiendes que cada deuda reduce tu capacidad de construir...

la prioridad cambia.

Deja de ser una obligación más...

y se convierte en un punto crítico.

Y solo cuando ese punto se reconoce con claridad...

puede comenzar a resolverse de forma definitiva.

13

CAPÍTULO 8 - ESTRUCTURA PARA ELIMINAR LA DEUDA

Salir de la deuda no es un acto de esfuerzo.

Es un proceso de organización.

La mayoría de las personas intenta resolverla aumentando pagos de forma desordenada.

Paga lo que puede.

Prioriza lo urgente.

Responde a la presión del momento.

Pero ese enfoque no genera un resultado consistente.

Genera avances parciales...

y, en muchos casos, reversibles.

Porque el problema no es cuánto se paga.

Es cómo se organiza el proceso.

Sin una estructura clara, el dinero que se destina a la deuda compite con todo lo demás:

Gastos diarios.

Consumo.

Decisiones impulsivas.

Y en esa competencia, rara vez gana.

Por eso, el primer paso no es pagar más.

Es definir una estrategia.

Una estrategia implica orden.

Qué deuda se atiende primero.

Bajo qué criterio.

Y con qué consistencia.

Aquí existen múltiples enfoques, pero todos comparten un principio:

Eliminar deuda requiere enfoque concentrado, no disperso.

Dividir esfuerzos entre varias obligaciones al mismo tiempo reduce el impacto.

Concentrar recursos en una sola, en cambio, acelera el proceso.

Esto no es intuitivo para la mayoría.

Se percibe como más seguro distribuir pagos.

Pero esa distribución diluye el progreso.

El avance real ocurre cuando existe prioridad clara.

Una deuda se convierte en objetivo principal.

Las demás se mantienen estables.

Y una vez que la primera se elimina,
los recursos liberados se redirigen a la siguiente.

Este proceso genera algo clave:

Progresión acumulativa.

Cada deuda eliminada no solo reduce la carga,
aumenta la capacidad.

Más flujo disponible.

Mayor velocidad.

Menor fricción.

Ese es el efecto que la mayoría no considera.

Salir de la deuda no es solo reducir un número.

Es recuperar capacidad operativa.

Aquí es donde la consistencia se vuelve determinante.

No se trata de hacer un esfuerzo puntual,
sino de mantener una ejecución constante.
Cada periodo.
Cada ingreso.
Bajo la misma lógica.
Sin interrupciones innecesarias.
Porque cada interrupción retrasa el proceso...
y extiende la limitación.
Este es el punto donde el enfoque cambia.
La deuda deja de ser algo que se maneja ocasionalmente...
y se convierte en una prioridad estructural.
No porque sea urgente,
sino porque es limitante.
Y todo lo que limita el sistema...
debe resolverse antes de intentar escalar.
Este capítulo no propone velocidad extrema.
Propone dirección correcta.
Porque cuando la estructura es adecuada,
el progreso deja de depender del esfuerzo adicional
y comienza a responder a la organización.
Ese es el principio.
No pagar más por impulso...
sino eliminar con estrategia.
Y cuando esa estrategia se aplica con consistencia...
la deuda deja de ser permanente
y se convierte en un proceso con final definido.

14

CAPÍTULO 9 - RECUPERAR EL CONTROL DEL FLUJO

La eliminación de la deuda no es el objetivo final.

Es el punto de liberación.

Porque una vez que la deuda se reduce o desaparece, ocurre algo que la mayoría no anticipa:

El flujo cambia.

El dinero que antes estaba comprometido deja de salir.

Las obligaciones disminuyen.

Y la capacidad disponible aumenta.

Pero este momento, que debería representar avance, suele desaprovecharse.

Porque sin una estructura clara, el dinero liberado no se conserva.

Se redistribuye de forma automática.

Más consumo.

Más gasto.

Mismo resultado.

La deuda desaparece,

pero el sistema no cambia.

Y cuando el sistema no cambia,

el problema se repite.

Aquí es donde ocurre uno de los errores más importantes.

Confundir alivio con progreso.

Reducir deuda genera alivio.

Pero solo cambiar la estructura genera progreso.

Si el flujo liberado no se redirige,

no se convierte en acumulación.

Y sin acumulación,

no existe transición hacia crecimiento.

Por eso, este momento es crítico.

Porque define si la liberación se convierte en avance...

o en repetición del ciclo.

Recuperar el control del flujo implica algo específico:

Decidir qué ocurre con el dinero antes de que llegue.

No esperar a tenerlo para decidir.

No reaccionar al momento.

Sino asignar función anticipadamente.

El dinero que antes se utilizaba para deuda no desaparece.

Cambia de propósito.

Puede convertirse en acumulación.

En inversión futura.

En construcción de estructura.

Pero solo si se dirige.

De lo contrario, se diluye.

Este es el punto donde el control se consolida.

No solo se evita la pérdida,

se empieza a construir.

Porque el flujo, cuando está libre y bien dirigido,

se convierte en la base de crecimiento.

Aquí aparece una transición importante.

De pagar...

a retener.

De retener...

a acumular.

Y esa acumulación, con el tiempo,

permite avanzar al siguiente nivel del sistema.

Pero ese avance no es automático.

Depende de una decisión clara:

No aumentar el nivel de consumo al mismo ritmo que aumenta la capacidad.

Porque ese es el patrón que mantiene el ciclo.

Más ingreso.

Más gasto.

Mismo resultado.

Romper ese patrón requiere intención.

Requiere definir límites.

Y sostenerlos.

Porque el flujo, sin dirección,

siempre encuentra salida.

Pero cuando se controla y se asigna con propósito...

se convierte en herramienta.

Y en ese momento, el dinero deja de ser una obligación que se cubre...

y empieza a ser un recurso que se construye.

Ese es el cierre real de este código.

No eliminar deuda por sí sola.

Sino recuperar control sobre lo que viene después.

Porque ahí es donde comienza el crecimiento.

15

CÓDIGO 4 - ACUMULACIÓN INTELIGENTE

La acumulación no es el resultado de ganar más dinero.

Es el resultado de retener una parte de forma consistente.

Esta distinción es fundamental.

Porque la mayoría asocia el crecimiento financiero con el aumento del ingreso, cuando en realidad depende de la capacidad de conservar y organizar lo que ya se tiene.

Sin acumulación, no existe punto de partida.

No hay base.

No hay margen.

No hay capacidad de construcción.

Por eso, intentar invertir o escalar sin haber acumulado previamente genera inestabilidad.

Se intenta crecer sin tener soporte.

Y el resultado es inconsistente.

La acumulación introduce estabilidad.

Permite absorber variaciones.

Reduce dependencia.

Y crea una base sobre la cual se puede operar con mayor precisión.

Pero no ocurre por intención.

Ocurre por sistema.

Ahorrar de forma ocasional no genera acumulación.

Requiere consistencia.

Requiere definir una proporción del ingreso que no se consume.

No como una decisión puntual,

sino como una regla permanente.

Aquí es donde aparece una diferencia clave.

La mayoría ahorra lo que sobra.

El sistema acumula primero.

Ese cambio altera completamente el resultado.

Porque lo que depende de lo que "queda" es variable.

Y lo variable no genera estructura.

La acumulación, en cambio, requiere prioridad.

Se define antes del gasto.

No después.

Este principio es simple, pero poco aplicado.

Y su impacto es directo.

Porque cada periodo donde se conserva una parte del ingreso...

se construye capacidad.

No visible al inicio,

pero acumulativa con el tiempo.

Aquí es donde la mayoría pierde continuidad.

No porque no pueda acumular,

sino porque interrumpe el proceso.

Ajusta cuando hay presión.

Detiene cuando hay comodidad.

Y al hacerlo, reinicia el ciclo.

La acumulación no funciona en interrupciones.
Funciona en repetición.
Cada ingreso.
Cada periodo.
Bajo la misma estructura.
Sin depender del estado del momento.
Este código establece esa lógica.
No como una recomendación temporal,
sino como una base permanente del sistema.
Porque sin acumulación,
no hay transición hacia inversión.
Y sin inversión,
no hay crecimiento exponencial.

Este es el punto donde el dinero deja de ser únicamente flujo...
y comienza a convertirse en capital.
Y esa diferencia, aunque al inicio es mínima,
termina definiendo todo el proceso.
Porque la riqueza no comienza cuando se gana más.

Comienza cuando se deja de consumir todo lo que se gana.

16

CAPÍTULO 10 - POR QUÉ LA MAYORÍA NO LOGRA ACUMULAR

La acumulación no falla por falta de ingresos.

Falla por falta de consistencia.

La mayoría de las personas tiene, en algún momento, la capacidad de conservar una parte de su dinero.

El problema es que no lo hace de forma sostenida.

Ahorra cuando hay excedente.

Detiene cuando hay presión.

Reanuda cuando las condiciones mejoran.

Y al hacerlo, interrumpe el proceso.

Este patrón es común porque la acumulación se percibe como algo secundario.

Algo que se hace "cuando se puede".

Pero ese enfoque es incompatible con el resultado que se busca.

Porque lo que depende de las condiciones...

no genera estructura.

Y sin estructura, no hay acumulación real.

Aquí es donde aparece una confusión importante.

Se asume que acumular requiere grandes cantidades.

Pero la acumulación no depende del monto inicial.

Depende de la repetición.

Pequeñas cantidades, sostenidas en el tiempo, generan capacidad.

Grandes cantidades, interrumpidas, no.

Este es el punto que la mayoría no considera.

Porque se enfoca en cuánto puede guardar...

pero no en cuánto puede sostener.

Y la sostenibilidad es lo que define el resultado.

Otro factor que impide la acumulación es la falta de prioridad.

El dinero se asigna primero al consumo.

Luego a compromisos inmediatos.

Y finalmente, si algo queda, a ahorro.

Pero lo que queda es variable.

Y lo variable no construye.

La acumulación requiere un orden distinto.

Debe ocurrir antes del gasto,

no después.

Porque cuando se deja al final, compite con todo lo demás.

Y en esa competencia, rara vez se mantiene.

También existe un componente psicológico.

El beneficio de acumular no es inmediato.

No genera recompensa instantánea.

No produce cambio visible en el corto plazo.

Por eso se percibe como menos relevante.

Mientras que el consumo sí produce una respuesta inmediata.

Satisfacción.

Comodidad.

Recompensa.

Y el comportamiento humano tiende a priorizar lo inmediato sobre lo acumulativo.

Este patrón no es un error aislado.

Es una tendencia natural.

Pero cuando no se corrige,

impide cualquier proceso de construcción.

Aquí es donde el sistema introduce una diferencia.

No depende de la motivación.

Depende de la estructura.

Define una proporción fija.

La ejecuta de forma constante.

Y elimina la decisión en cada momento.

Porque decidir constantemente...

genera fricción.

Y la fricción reduce la consistencia.

La acumulación no requiere decisiones repetidas.

Requiere reglas claras.

Y una vez que esas reglas están definidas,

el proceso se vuelve automático.

Ese es el punto donde cambia el resultado.

No cuando se tiene más dinero,

sino cuando se deja de depender del momento para decidir.

Porque mientras la acumulación dependa de cómo te sientes...

no será estable.

Pero cuando depende de una estructura...

se vuelve inevitable.

Ese es el principio.

No acumular cuando se puede.

Sino construir un sistema donde acumular sea parte del proceso.

17

CAPÍTULO 11 - ESTRUCTURAR LA ACUMULACIÓN CORRECTAMENTE

La acumulación no ocurre por intención.

Ocurre por diseño.

Una vez que se entiende por qué la mayoría no logra acumular, el siguiente paso no es intentar hacerlo mejor, sino establecer una estructura que lo haga inevitable.

Sin estructura, la acumulación depende del momento.

Con estructura, depende del sistema.

Este es el punto de quiebre.

La acumulación efectiva comienza cuando se define una proporción fija del ingreso que no se consume.

No como una recomendación general,

sino como una regla permanente.

Ese porcentaje no es arbitrario.

Debe ser lo suficientemente significativo para generar avance,

pero lo suficientemente sostenible para mantenerse en el tiempo.

Aquí es donde muchas personas fallan.

Intentan acumular demasiado en poco tiempo.

Generan presión.

Y eventualmente abandonan el proceso.

La acumulación no requiere intensidad.

Requiere continuidad.

Por eso, la estructura debe ser realista.

Aplicable en cualquier nivel de ingreso.

Sostenible en diferentes condiciones.

Porque el objetivo no es acumular una vez.

Es acumular siempre.

Una vez definida la proporción, el siguiente paso es el orden.

La acumulación debe ocurrir primero.

No después del gasto.

No cuando sobra.

Antes.

Este cambio es determinante.

Porque elimina la competencia con el consumo.

El dinero que se acumula deja de estar disponible para decisiones impulsivas.

Se separa.

Se protege.

Y comienza a cumplir una función distinta.

Este es el inicio de la transformación del dinero en capital.

Pero la estructura no termina ahí.

También es necesario definir el destino de esa acumulación.

No todo lo que se conserva cumple el mismo propósito.

Una parte debe mantenerse como reserva.

Otra puede prepararse para inversión futura.

Sin esta distinción, la acumulación pierde eficiencia.

Se mantiene… pero no se optimiza.

La estructura correcta introduce claridad.

Define categorías.

Asigna funciones.

Y permite que cada parte del dinero cumpla un objetivo específico.

Esto reduce la incertidumbre.

Elimina decisiones innecesarias.

Y facilita la consistencia.

Porque cuando el sistema está definido,

la ejecución se simplifica.

No se decide en cada momento.

Se sigue lo que ya fue establecido.

Este es el principio central de la acumulación inteligente.

No depende de cuánto ganas.

Depende de cómo estructuras lo que tienes.

Y cuando esa estructura es clara,

la acumulación deja de ser un esfuerzo...

y se convierte en una consecuencia.

Ese es el objetivo de este capítulo.

No motivar a ahorrar.

Sino definir cómo hacerlo de forma correcta.

Porque cuando la acumulación es parte del sistema...

el crecimiento deja de ser incierto.

18

CAPÍTULO 12 - SOSTENER LA ACUMULACIÓN EN EL TIEMPO

La acumulación no se pierde por falta de capacidad.

Se pierde por interrupción.

La mayoría de las personas puede acumular durante un periodo.

El problema es que no logra sostenerlo.

El sistema se aplica cuando hay claridad.

Se debilita cuando aparecen variaciones.

Y se abandona cuando deja de sentirse necesario.

Este patrón es común.

Porque la acumulación, cuando empieza a generar resultados, crea una falsa sensación de estabilidad.

Se percibe como "suficiente".

Se reduce la presión.

Y, progresivamente, se relajan las reglas.

Ese es el punto donde el sistema comienza a fallar.

No de forma inmediata.

Sino gradual.

Se omite un periodo.

Se ajusta una proporción.

Se permite una excepción.

Y cada ajuste introduce variabilidad.

La variabilidad rompe la consistencia.

Y sin consistencia, no hay acumulación sostenida.

Aquí es donde se define la diferencia entre intención y estructura.

La intención depende del contexto.

La estructura se mantiene a pesar de él.

Sostener la acumulación implica algo específico:

Eliminar la negociación interna.

No decidir cada vez.

No evaluar constantemente si “vale la pena”.

Simplemente ejecutar.

Porque cada decisión repetida introduce fricción.

Y la fricción, con el tiempo, reduce la adherencia al sistema.

Por eso, la acumulación no debe depender de disciplina constante.

Debe depender de diseño.

Un diseño donde la proporción ya está definida.

Donde el orden ya está establecido.

Y donde la ejecución no requiere análisis adicional.

Este es el punto donde la acumulación deja de ser una acción...

y se convierte en una condición.

Ocurre en cada ingreso.

En cada periodo.

Sin excepción.

Independientemente del entorno.

Porque el entorno siempre cambia.

El ingreso varía.

Las necesidades se ajustan.

Las circunstancias evolucionan.

Pero la estructura no debe hacerlo.

No porque sea rígida,

sino porque es la base sobre la cual todo lo demás se adapta.

Aquí es donde la mayoría se equivoca.

Ajusta el sistema en función del momento...

en lugar de ajustar el momento en función del sistema.

Y ese cambio de enfoque es determinante.

Porque cuando el sistema se mantiene,

los resultados se acumulan.

No de forma visible al inicio,

pero sí de forma inevitable con el tiempo.

La acumulación sostenida produce estabilidad.

La estabilidad produce margen.

Y el margen permite avanzar al siguiente nivel.

Este es el cierre del proceso.

No acumular más.

No acumular más rápido.

Sino acumular sin interrupciones.

Porque la diferencia entre quienes logran construir...

y quienes permanecen en el mismo nivel...

no está en lo que hacen una vez.

Está en lo que son capaces de sostener.

Y cuando la acumulación se vuelve parte del sistema...

deja de depender de esfuerzo consciente...

y se convierte en una ventaja permanente.

19

CÓDIGO 5 — INVERSIÓN CONSISTENTE

La acumulación crea estabilidad.

La inversión crea crecimiento.

Sin acumulación, no hay punto de partida.

Sin inversión, no hay expansión.

Este es el siguiente paso del sistema.

Pero es también uno de los más mal entendidos.

La mayoría percibe la inversión como una actividad compleja, reservada para quienes tienen grandes cantidades de dinero o conocimientos especializados.

Por eso la posterga.

Espera el "momento correcto".

Más capital.

Más seguridad.

Y al hacerlo, retrasa el proceso más importante del sistema:

La transición de dinero estático...

a dinero productivo.

El dinero acumulado, por sí solo, no crece de forma significativa.

Mantiene valor.

Protege estabilidad.

Pero no genera expansión real.

Para que eso ocurra, debe entrar en un sistema productivo.

Debe trabajar.

Aquí es donde aparece una diferencia clave.

La mayoría intenta invertir de forma puntual.

Busca oportunidades específicas.

Intenta "acertar".

Depende del momento.

Pero ese enfoque introduce un problema:

Inconsistencia.

Y la inconsistencia, en inversión, limita cualquier resultado significativo.

La inversión no se construye en decisiones aisladas.

Se construye en repetición.

No depende de encontrar la oportunidad perfecta.

Depende de participar de forma constante en un sistema que produce valor.

Este cambio de enfoque es fundamental.

Dejar de pensar en invertir como evento...

y empezar a entenderlo como proceso.

Un proceso donde cada aporte se integra a una estructura mayor.

Donde el tiempo juega a favor.

Y donde la consistencia reduce la dependencia del momento.

Aquí es donde la inversión se conecta directamente con el sistema.

No se trata de cuánto inviertes una vez.

Se trata de cuánto inviertes de forma sostenida.

Porque el crecimiento exponencial no depende de una acción puntual.

Depende de acumulación aplicada en el tiempo.

Y el tiempo solo tiene efecto cuando existe continuidad.

Este código no busca convertir la inversión en algo complejo.

Busca hacerla operable.

Definir cuándo empezar.

Cómo participar.

Y cómo sostener el proceso sin interrupciones.

Porque el error más común no es invertir mal.

Es no invertir.

O hacerlo de forma intermitente.

Y en ambos casos, el resultado es el mismo:

El dinero permanece estático.

Este es el punto donde el sistema cambia de naturaleza.

De conservar...

a multiplicar.

Y ese cambio no ocurre por conocimiento adicional.

Ocurre cuando el dinero deja de depender únicamente de quien lo genera...

y empieza a producir por sí mismo.

Ese es el objetivo de este código.

No maximizar resultados en el corto plazo.

Sino construir un proceso que, sostenido en el tiempo, genere crecimiento real.

Porque cuando la inversión es consistente...

el crecimiento deja de ser lineal.

Y cuando deja de ser lineal...

la diferencia se vuelve significativa.

20

CAPÍTULO 13 - POR QUÉ LA MAYORÍA NO INVIERTE

La mayoría de las personas no pierde dinero invirtiendo.

Pierde crecimiento por no invertir.

Este es un punto crítico que suele interpretarse de forma incorrecta.

Se asume que el principal riesgo es hacerlo mal.

Pero en la práctica, el mayor riesgo es no participar.

No porque la inversión garantice resultados inmediatos,

sino porque la ausencia de inversión garantiza estancamiento.

Aquí es donde aparece el primer obstáculo:

La percepción de complejidad.

Se cree que invertir requiere conocimiento avanzado, experiencia o condiciones especiales.

Y esa percepción retrasa la acción.

Se espera entender más.

Se espera el momento correcto.

Se espera mayor seguridad.

Pero esa espera tiene un costo.

El tiempo.

Y en inversión, el tiempo no es un factor secundario.

Es el principal.

Cada periodo sin participación es un periodo donde el capital no produce.

No crece.

No se multiplica.

Permanece estático.

Y el crecimiento, en este contexto, no se pierde por una mala decisión...

se pierde por falta de acción.

El segundo obstáculo es la búsqueda de certeza.

Se intenta eliminar el riesgo antes de empezar.

Se analiza en exceso.

Se compara constantemente.

Se pospone la decisión.

Pero la inversión no funciona bajo condiciones de certeza absoluta.

Funciona bajo probabilidad.

Y esperar certeza en un entorno probabilístico...

es una forma de no actuar.

El tercer obstáculo es la inconsistencia.

Incluso cuando se inicia, no se sostiene.

Se invierte una vez.

Se detiene.

Se vuelve a intentar.

Este patrón elimina el principal beneficio del sistema:

La acumulación en el tiempo.

Porque la inversión aislada no genera diferencia significativa.

Es la repetición lo que produce efecto.

Sin continuidad, el proceso pierde impacto.

Otro factor relevante es la percepción del monto.

Se cree que es necesario empezar con grandes cantidades.

Y al no tenerlas, se posterga la decisión.

Pero este enfoque ignora un principio fundamental:

La inversión no depende del tamaño inicial.

Depende de la constancia.

Pequeñas cantidades, sostenidas en el tiempo, generan estructura.

Grandes cantidades, sin continuidad, no.

Este error mantiene a muchas personas fuera del proceso.

No por falta de capacidad,

sino por una expectativa incorrecta.

Aquí es donde el sistema introduce claridad.

Invertir no es un evento puntual.

Es una función del modelo.

Ocurre dentro de una estructura.

De forma periódica.

Sin depender del momento.

No se busca acertar.

Se busca participar.

Porque en el largo plazo, la participación constante reduce la dependencia de decisiones individuales.

Y permite que el sistema haga su trabajo.

Este es el punto de inflexión.

No cuando se entiende la inversión...

sino cuando se deja de postergarla.

Porque cada periodo que pasa sin participar...

no es neutro.

Es una oportunidad que no se acumula.

Y la acumulación, en inversión,

es lo que define el resultado.

Ese es el error central.
No invertir mal.
Sino no invertir.
Y mientras ese patrón se mantenga,
el crecimiento seguirá siendo limitado.
No por falta de capacidad...
sino por falta de participación.

21

CAPÍTULO 14 - ESTRUCTURAR LA INVERSIÓN CORRECTAMENTE

Invertir no comienza con elegir un activo.

Comienza con definir un sistema.

La mayoría de las personas invierte de forma reactiva.

Observa el mercado.

Busca oportunidades.

Toma decisiones en función del momento.

Pero ese enfoque introduce variabilidad.

Y la variabilidad impide consistencia.

Porque cada decisión depende de factores externos: información, emoción, contexto.

Y cuando las decisiones dependen del entorno, el resultado es inestable.

Por eso, la inversión efectiva no se construye desde el análisis puntual...

sino desde la estructura.

Una estructura define tres elementos fundamentales:

Cuándo invertir.

Cuánto invertir.

Dónde invertir.

Sin estas tres definiciones, cualquier intento de inversión se vuelve improvisado.

Y la improvisación, en el tiempo, reduce resultados.

El primer elemento es la periodicidad.

Invertir no debe depender del momento.

Debe ocurrir en intervalos definidos.

Cada periodo.

Cada ingreso.

Sin excepción.

Porque la consistencia elimina la necesidad de anticipar.

No se busca el mejor momento.

Se participa en todos.

Este enfoque reduce el riesgo de decisión.

Y permite que el tiempo cumpla su función.

El segundo elemento es la proporción.

No se invierte lo que "queda".

Se invierte lo que se define.

Una parte del ingreso ya está destinada a acumulación.

Y dentro de esa acumulación, una parte se dirige a inversión.

Este orden es clave.

Porque asegura que la inversión no compita con el control ni con la estabilidad.

Se integra al sistema.

No lo compromete.

El tercer elemento es el destino.

No todas las inversiones cumplen la misma función.

Algunas buscan estabilidad.

Otras crecimiento.

Pero lo importante no es elegir una opción perfecta.

Es mantener coherencia.

Seleccionar un conjunto de instrumentos alineados con el sistema...

y sostener la participación en ellos.

Porque cambiar constantemente reduce el efecto acumulativo.

La inversión necesita continuidad.

Este es el punto donde la mayoría se equivoca.

Busca optimizar cada decisión individual...

en lugar de optimizar el proceso completo.

Pero la diferencia no está en acertar una vez.

Está en sostener una estructura durante el tiempo suficiente.

Ese es el verdadero factor de crecimiento.

Aquí es donde el sistema se consolida.

No se invierte por impulso.

No se invierte por tendencia.

Se invierte porque está definido.

Porque es parte del proceso.

Y porque cada periodo sin inversión...

es un periodo sin crecimiento.

Este capítulo no busca enseñar a elegir la mejor inversión.

Busca algo más importante:

Eliminar la dependencia del momento.

Porque cuando la inversión está estructurada,

el crecimiento deja de depender de decisiones aisladas...

y comienza a responder al sistema.

Y cuando el sistema es consistente,

los resultados dejan de ser inciertos.

22

CAPÍTULO 15 - SOSTENER LA INVERSIÓN EN EL TIEMPO

La inversión no falla por falta de oportunidades.

Falla por falta de permanencia.

La mayoría de las personas logra iniciar.

Invierte una vez.

Tal vez algunas más.

Pero no logra sostener el proceso el tiempo suficiente para que genere un resultado significativo.

Este es el punto donde se pierde el verdadero beneficio del sistema.

Porque el crecimiento en inversión no es lineal.

No ocurre de forma proporcional al inicio.

Se construye de forma progresiva...

y se vuelve visible solo después de un periodo sostenido.

Aquí es donde aparece el problema.

Al no ver resultados inmediatos, se duda del proceso.

Se cuestiona la estrategia.

Se cambia de enfoque.

Se interrumpe la continuidad.

Y al hacerlo, se reinicia el efecto acumulativo.

Este patrón es común.

Porque la mente está diseñada para responder a lo inmediato.

Busca validación rápida.

Resultados visibles.

Confirmación constante.

Pero la inversión no funciona bajo esa lógica.

Funciona bajo acumulación sostenida.

El resultado no depende de una acción puntual,

sino de la repetición consistente en el tiempo.

Aquí es donde la mayoría se equivoca.

Confunde falta de resultados visibles con falta de progreso.

Pero el progreso está ocurriendo.

Solo que aún no es evidente.

Este es el momento donde se define la diferencia.

No en lo que se hace al inicio,

sino en lo que se mantiene después.

Sostener la inversión implica eliminar dos factores principales:

La reacción al corto plazo.

Y la necesidad de ajuste constante.

Porque ambos interrumpen el proceso.

El mercado fluctúa.

Las condiciones cambian.

Los resultados varían.

Pero el sistema no debe hacerlo.

No porque ignore la realidad,

sino porque está diseñado para operar dentro de ella.

Ajustar constantemente en función del momento

introduce fricción.

Y la fricción reduce consistencia.

Por eso, sostener la inversión requiere una decisión clara:

No reaccionar a cada variación.

Sino mantener la estructura definida.

Invertir en los mismos intervalos.

Bajo las mismas proporciones.

Siguiendo la misma lógica.

Sin interrupciones innecesarias.

Este enfoque elimina la dependencia del momento.

Y permite que el tiempo cumpla su función.

Porque el tiempo, en inversión, no es un factor externo.

Es el componente principal del sistema.

Sin tiempo, no hay acumulación significativa.

Sin acumulación, no hay crecimiento exponencial.

Este es el punto donde la inversión deja de ser una acción...

y se convierte en un proceso.

Un proceso que no depende de decisiones constantes,

sino de ejecución sostenida.

Y cuando esa ejecución se mantiene,

el resultado deja de ser incierto.

No inmediato.

No visible al inicio.

Pero inevitable.

Porque la diferencia no está en cuánto inviertes una vez.

Está en cuánto eres capaz de sostener.

Y cuando la inversión se vuelve consistente...

el crecimiento deja de depender de esfuerzo adicional...

y empieza a responder al sistema.

23

CÓDIGO 6 — INGRESOS AUTOMÁTICOS

Hasta este punto, el sistema ha logrado algo fundamental:

Estabilidad.

Control.

Crecimiento.

Pero aún existe una limitación.

El ingreso, en gran parte, sigue dependiendo de la participación directa.

Se ha optimizado el uso del dinero.

Se ha estructurado su crecimiento.

Pero el tiempo sigue siendo un factor relevante.

Y mientras el tiempo sea un factor dominante...

el sistema no está completo.

Aquí es donde ocurre el siguiente cambio.

No en cómo se administra el dinero...

sino en cómo se genera.

Los ingresos automáticos no eliminan la necesidad de trabajar.

Eliminan la dependencia absoluta del trabajo.

Permiten que una parte del flujo se mantenga sin intervención constante.

Esto introduce una nueva dimensión en el sistema:

Desacoplar ingreso de tiempo.

Este concepto es frecuentemente malinterpretado.

Se asocia con ingresos inmediatos, facilidad o ausencia total de esfuerzo.

Pero en la práctica, funciona de otra forma.

Primero se construye.

Luego se mantiene.

Y con el tiempo, se optimiza.

El ingreso automático no aparece.

Se diseña.

Requiere estructura.

Requiere activos.

Requiere un proceso previo.

Pero una vez que existe, cambia completamente la forma de operar.

Porque introduce algo que antes no estaba presente:

Flujo independiente.

Dinero que no depende directamente de tu actividad diaria.

Esto no significa que sea completamente pasivo.

Significa que no es completamente dependiente.

Y esa diferencia es suficiente para alterar el sistema.

Aquí es donde la mayoría se equivoca.

Busca ingresos automáticos demasiado pronto.

Sin control.

Sin acumulación.

Sin inversión previa.

Y el resultado es inestable.

Porque intenta construir flujo sin haber creado base.

Este código existe por una razón específica:

Introducir los ingresos automáticos en el momento correcto del sistema.

Cuando ya existe control.

Cuando ya hay acumulación.

Cuando ya se ha iniciado la inversión.

Porque en ese punto, el proceso deja de ser especulativo y se vuelve estructural.

Los ingresos automáticos no reemplazan el sistema.

Lo amplifican.

Permiten que el crecimiento no dependa únicamente de aportaciones constantes.

Y abren la posibilidad de escalar sin aumentar proporcionalmente el esfuerzo.

Este es el cambio.

No trabajar menos.

Sino dejar de depender completamente del trabajo.

No generar ingresos una sola vez.

Sino construir fuentes que los produzcan de forma continua.

Y cuando eso ocurre, el sistema alcanza un nuevo nivel.

El dinero deja de ser solo algo que se administra o se invierte...

y comienza a convertirse en algo que produce.

Ese es el objetivo de este código.

No crear una ilusión de facilidad.

Sino establecer un proceso donde el ingreso pueda sostenerse,

incluso cuando tu participación no es constante.

Porque cuando el ingreso deja de depender completamente de tu tiempo...

el sistema deja de tener límites lineales.

Y ese es el punto donde comienza la verdadera libertad operativa.

24

CAPÍTULO 16 - POR QUÉ LA MAYORÍA NO GENERA INGRESOS AUTOMÁTICOS

La mayoría de las personas no carece de oportunidades.

Carece de estructura.

Los ingresos automáticos se han convertido en un concepto popular, pero también en uno de los más distorsionados.

Se presentan como algo inmediato.

Accesible sin proceso.

Independiente de una base previa.

Pero en la práctica, funcionan bajo una lógica completamente distinta.

No son el punto de partida.

Son el resultado.

Y cuando se intentan construir sin sistema,

el resultado es inconsistente.

Este es el primer error.

Buscar automatización sin haber construido control, acumulación e inversión.

Se intenta generar flujo sin haber creado estructura.

Y el resultado es predecible:

Ingresos inestables.

Dependencia constante.

Falta de continuidad.

Porque sin base, no hay soporte.

El segundo error es la expectativa de facilidad.

Se asume que automático significa sin esfuerzo.

Pero lo automático no elimina el trabajo.

Lo desplaza.

Se trabaja antes para construir el sistema.

Luego se mantiene con menor intervención.

Este proceso no es inmediato.

Requiere tiempo, estructura y consistencia.

Pero esa realidad rara vez se comunica.

Por eso, muchas personas abandonan antes de construir algo funcional.

El tercer error es la dispersión.

Se intentan múltiples fuentes al mismo tiempo.

Distintas ideas.

Diferentes enfoques.

Sin profundidad en ninguno.

Esto diluye el resultado.

Porque los ingresos automáticos no se construyen en cantidad...

se construyen en enfoque.

Una fuente bien estructurada tiene más impacto que múltiples intentos incompletos.

Aquí es donde aparece el patrón real.

No se falla por falta de capacidad.

Se falla por falta de secuencia.

Se intenta automatizar sin haber consolidado lo anterior.

Se busca escalar sin haber estabilizado.
Y el sistema no responde.
Porque cada nivel depende del anterior.
Este código no introduce algo nuevo.
Introduce el siguiente paso lógico.
Convertir lo que ya se ha construido...
en algo que pueda producir sin intervención constante.
Pero para que eso ocurra, es necesario respetar el proceso.
Control primero.
Luego acumulación.
Después inversión.
Y solo entonces, automatización.
Cuando ese orden se respeta,
los ingresos automáticos dejan de ser una idea...
y se convierten en una consecuencia.
Ese es el punto de claridad.
No buscar automatización como objetivo aislado.
Sino como extensión del sistema.
Porque cuando se construye correctamente,
el ingreso deja de depender completamente del esfuerzo directo...
y comienza a responder a la estructura creada.
Y cuando eso ocurre,
el crecimiento deja de estar limitado por el tiempo.
Ese es el verdadero cambio.
Y también el motivo por el cual la mayoría no lo alcanza.
No por falta de oportunidad...
sino por intentar llegar sin construir primero.

25

CAPÍTULO 17 - CÓMO CONSTRUIR INGRESOS AUTOMÁTICOS CORRECTAMENTE

Los ingresos automáticos no se generan.

Se construyen.

Y como todo lo que se construye, requieren un proceso.

No comienzan con el dinero.

Comienzan con un activo.

Un activo es cualquier estructura capaz de producir flujo de forma recurrente.

Puede ser financiero.

Puede ser digital.

Puede ser operativo.

Pero en todos los casos, cumple la misma función:

Generar valor sin requerir intervención constante.

Aquí es donde aparece el primer principio.

No se construyen ingresos automáticos directamente.

Se construyen activos que los producen.

Este cambio de enfoque es fundamental.

Porque desplaza la atención del resultado...

hacia la fuente.

La mayoría busca el ingreso.

El sistema construye el origen del ingreso.

Y esa diferencia define todo el proceso.

El segundo principio es la relación entre tiempo y construcción.

Los ingresos automáticos no eliminan el trabajo.

Lo concentran.

Se invierte tiempo al inicio para diseñar, estructurar y crear.

Luego, ese trabajo se convierte en una base que puede operar con menor intervención.

Este proceso no es inmediato.

Pero es acumulativo.

Cada activo construido se integra al sistema.

Y cada uno amplía la capacidad de generar flujo.

El tercer principio es la escalabilidad.

No todos los activos tienen la misma capacidad de crecimiento.

Algunos dependen de mayor intervención.

Otros pueden expandirse sin aumentar proporcionalmente el esfuerzo.

Este código se enfoca en los segundos.

Activos que permiten crecer sin depender completamente del tiempo.

Porque ese es el objetivo.

No generar más trabajo…

sino reducir la dependencia del mismo.

Aquí es donde la construcción debe ser intencional.

No se trata de crear cualquier fuente de ingreso.

Se trata de crear una que pueda mantenerse, repetirse y escalar.

Para lograrlo, es necesario definir tres elementos:

Primero, el modelo.

Cómo se genera el valor.

Y cómo ese valor se traduce en ingreso.

Segundo, el sistema.

Qué procesos permiten que ese modelo funcione de forma consistente.

Y tercero, la distribución.

Cómo ese ingreso llega sin requerir intervención constante.

Sin estos tres elementos, el ingreso no es automático.

Es dependiente.

Y la dependencia mantiene el mismo límite estructural.

Este es el error más común.

Confundir ingresos adicionales con ingresos automáticos.

Más fuentes no significa más libertad...

si todas requieren atención constante.

La automatización real ocurre cuando el sistema sigue funcionando,

incluso cuando la participación directa se reduce.

Ese es el criterio.

No cuánto genera...

sino cuánto depende de ti.

Aquí es donde el enfoque se vuelve claro.

Construir menos...

pero mejor.

Menos fuentes.

Más estructura.

Menos dispersión.

Más profundidad.

Porque un sistema bien construido tiene mayor impacto que múltiples intentos incompletos.

Este capítulo no busca simplificar el proceso.

Busca hacerlo claro.

Porque cuando se entiende que el objetivo no es generar dinero...

sino construir activos que lo produzcan...

la forma de operar cambia.

Y cuando la forma de operar cambia...

el resultado deja de depender del esfuerzo directo.

Y comienza a responder a lo que ya fue construido.

26

CAPÍTULO 18 - ESCALAR INGRESOS AUTOMÁTICOS

Construir una fuente de ingresos automáticos es un avance.

Escalarla es lo que genera diferencia.

Una vez que un activo produce flujo de forma consistente, el siguiente paso no es crear otro desde cero.

Es optimizar el que ya existe.

La mayoría comete el error de dispersarse.

Construye una fuente.

Luego intenta otra.

Y otra más.

Sin haber desarrollado completamente ninguna.

Este enfoque reduce el impacto.

Porque el crecimiento real no proviene de la cantidad de fuentes...

sino de la capacidad de ampliar una estructura funcional.

Escalar implica aumentar el alcance, la eficiencia o la capacidad de producción de un sistema existente.

No cambiarlo constantemente.

Aquí es donde aparece una diferencia clave.

Construir requiere esfuerzo directo.

Escalar requiere ajuste estratégico.

Se analizan procesos.

Se identifican puntos de mejora.

Y se optimiza lo que ya funciona.

Este enfoque reduce el riesgo.

Porque no se parte desde cero.

Se trabaja sobre algo probado.

El segundo elemento del escalamiento es la reinversión.

El flujo generado por el sistema no se consume completamente.

Una parte se reintegra.

Se utiliza para ampliar la capacidad del activo.

Más alcance.

Más volumen.

Más eficiencia.

Este proceso crea un efecto acumulativo.

Cada ciclo incrementa la base.

Y esa base produce más flujo.

Ese flujo, reinvertido, vuelve a ampliar la base.

Aquí es donde el crecimiento deja de ser lineal.

Porque ya no depende únicamente de nuevas aportaciones.

Depende de la capacidad del sistema para expandirse sobre sí mismo.

Este es el punto donde el sistema comienza a multiplicarse.

Pero este proceso requiere disciplina estructural.

Porque el flujo adicional genera una tentación inmediata:

Consumirlo.

Mejorar el nivel de vida.
Aumentar el gasto.
Relajar la estructura.
Y al hacerlo, se detiene el crecimiento.
La reinversión es lo que sostiene el escalamiento.
Sin ella, el sistema se mantiene...
pero no se expande.
Aquí es donde se define la diferencia.
No en cuánto genera un activo...
sino en cuánto se decide reintegrar para crecer.
El tercer elemento es la simplificación.
Escalar no implica complejizar.
Implica eliminar fricción.
Reducir procesos innecesarios.
Optimizar ejecución.
Y permitir que el sistema funcione con mayor eficiencia.
Porque un sistema complejo es difícil de sostener.
Y lo que no se puede sostener...
no se puede escalar.
Este es el principio final de este código.
No construir constantemente algo nuevo.
Sino desarrollar completamente lo que ya funciona.
Y permitir que el sistema crezca sobre su propia base.
Porque cuando un activo se escala correctamente...
el ingreso deja de depender del crecimiento externo...
y comienza a responder al desarrollo interno.
Ese es el punto donde el sistema se fortalece.
Y donde el crecimiento deja de ser incremental...
y se vuelve significativo.

27

CÓDIGO 7 — ESCALA DE RIQUEZA

Todo lo anterior construye capacidad.

Este código define qué haces con ella.

Porque llegar a un punto donde existe control, acumulación, inversión e ingresos automáticos no es el final.

Es el inicio de una nueva responsabilidad:

Sostener y multiplicar.

La riqueza no se pierde por falta de ingreso.

Se pierde por falta de estructura en niveles superiores.

A medida que el sistema crece, también lo hace su complejidad.

Más flujo.

Más decisiones.

Más exposición.

Y sin un ajuste en la forma de operar, ese crecimiento puede volverse inestable.

Aquí es donde aparece el verdadero cambio.

De ejecutar...

a dirigir.

En los niveles anteriores, el enfoque estaba en construir.

Tomar decisiones directas.

Controlar variables.

Optimizar procesos.

Pero en este nivel, el enfoque cambia.

No se trata de hacer más.

Se trata de organizar mejor lo que ya existe.

Escalar riqueza implica tres elementos fundamentales:

Consolidación.

Expansión.

Protección.

La consolidación asegura que la base sea estable.

No se trata solo de generar,

sino de mantener.

Sistemas claros.

Estructuras definidas.

Decisiones consistentes.

Sin consolidación, el crecimiento se fragmenta.

La expansión, por otro lado, amplía el alcance.

No se construye desde cero.

Se replica lo que ya funciona.

Se optimiza.

Se multiplica.

Se extiende.

Este proceso permite que el sistema crezca sin depender proporcionalmente del esfuerzo.

Pero la expansión sin control introduce riesgo.

Por eso, el tercer elemento es esencial:

Protección.

A medida que la riqueza crece, también lo hace su exposición.

Riesgo financiero.

Riesgo operativo.

Riesgo de decisión.
Sin protección, el sistema puede retroceder.
No por falta de capacidad,
sino por falta de previsión.
Aquí es donde el enfoque se vuelve estratégico.
No se trata solo de cuánto se gana.
Se trata de cuánto se conserva,
cómo se distribuye
y cómo se protege en el tiempo.
Este es el nivel donde la riqueza deja de ser una meta…
y se convierte en una estructura.
Una estructura que no depende de una sola fuente.
Que no depende de una sola decisión.
Y que no depende de una sola persona.
Ese es el verdadero punto de escala.
Cuando el sistema puede sostenerse,
expandirse
y adaptarse.
Aquí es donde la mayoría se detiene.
Porque este nivel exige algo distinto:
Pensar a largo plazo.
No en términos de meses,
sino de años.
No en términos de ingreso,
sino de patrimonio.
No en términos de trabajo,
sino de sistema.
Este es el cambio final.
De operar para generar…
a operar para sostener y multiplicar.
Y cuando ese cambio ocurre,
el dinero deja de ser un objetivo…
y se convierte en una consecuencia de la estructura.

Ese es el cierre del sistema.

No un punto final.

Sino un estado desde el cual todo lo demás se construye con claridad.

Porque cuando la riqueza está organizada,
protegida
y en expansión...
ya no depende del esfuerzo constante.

Depende del sistema.

Y cuando el sistema es correcto,
el resultado no es eventual.

Es inevitable.

28

CAPÍTULO 19 - CONSOLIDAR ANTES DE ESCALAR

El crecimiento, por sí solo, no es una señal de estabilidad.

Es una señal de expansión.

Y la expansión, sin consolidación, introduce fragilidad.

Este es uno de los errores más frecuentes en los niveles avanzados del sistema.

Cuando los resultados comienzan a aparecer —más ingresos, más flujo, más oportunidades— surge una tendencia casi automática:

Expandir.

Se identifican nuevas posibilidades.

Se abren nuevas líneas.

Se toman más decisiones.

Y, en apariencia, todo parece avanzar.

Pero ese avance puede ser engañoso.

Porque no todo crecimiento es sostenible.

Y no toda expansión es estratégica.

Aquí es donde aparece la diferencia entre crecer...

y estar listo para escalar.

Crecer implica aumentar resultados.

Escalar implica multiplicarlos sin comprometer la estructura.

Y para que eso sea posible, es necesario consolidar.

Consolidar no es detener el crecimiento.

Es estabilizarlo.

Es asegurar que cada parte del sistema funcione con claridad, consistencia y autonomía antes de intentar replicarla.

Este proceso rara vez es visible desde fuera.

No genera el mismo estímulo que la expansión.

No produce resultados inmediatos adicionales.

Pero es lo que determina si el sistema se fortalece...

o se vuelve vulnerable.

Consolidar implica revisar lo que ya existe con precisión.

No asumir que funciona.

Sino verificar cómo funciona.

Cada fuente de ingreso debe ser entendida.

Cómo se genera.

Qué la sostiene.

Qué la puede afectar.

Cada proceso debe ser claro.

Sin dependencias innecesarias.

Sin pasos ambiguos.

Sin decisiones improvisadas.

Y cada flujo debe ser controlado.

Saber cuánto entra.

Cuánto se mantiene.

Y cómo se distribuye.

Sin esta claridad, el sistema puede operar...

pero no puede escalar de forma segura.

Porque escalar significa replicar.

Y no se puede replicar algo que no es completamente comprendido.

Este es el punto donde la mayoría se equivoca.

Confunde actividad con solidez.

Asume que porque algo genera resultados...

está listo para expandirse.

Pero generar resultados no es lo mismo que ser consistente.

Un sistema puede funcionar bajo ciertas condiciones...

y fallar bajo otras.

Puede depender de factores no identificados.

De decisiones constantes.

O de intervención directa.

Y en esos casos, escalarlo amplifica el problema.

No el resultado.

Por eso, la consolidación exige algo que pocos están dispuestos a hacer:

Detener la expansión momentáneamente para entender la estructura.

Analizar.

Simplificar.

Optimizar.

Eliminar lo innecesario.

Fortalecer lo esencial.

Y reducir la dependencia de variables inestables.

Este proceso no reduce el potencial del sistema.

Lo aumenta.

Porque un sistema consolidado no solo funciona mejor...

es replicable.

Y la replicabilidad es la base del escalamiento real.

Aquí es donde aparece otro punto crítico:

La complejidad.

A medida que el sistema crece, tiende a volverse más complejo.

Más procesos.

Más decisiones.

Más variables.

Pero la complejidad no es sinónimo de avance.

De hecho, es uno de los principales riesgos.

Porque un sistema complejo es difícil de entender,

difícil de mantener

y difícil de escalar.

La consolidación busca lo contrario:

Simplicidad funcional.

No eliminar capacidad,

sino eliminar fricción.

Reducir lo que no aporta valor.

Estandarizar lo que sí funciona.

Y crear una estructura que pueda sostenerse sin intervención constante.

Este es el punto donde el sistema comienza a madurar.

Deja de depender de esfuerzo directo.

Y empieza a depender de su diseño.

Y cuando eso ocurre, el crecimiento deja de ser frágil.

Se vuelve estable.

Aquí es donde la consolidación cumple su función más importante:

Convertir resultados en estructura.

Porque mientras los resultados dependan de acciones constantes...

no son escalables.

Pero cuando están integrados en un sistema claro...

pueden multiplicarse.

Este es el momento donde el enfoque cambia.

De hacer más…

a entender mejor.

De expandir…

a fortalecer.

De reaccionar…

a diseñar.

Y ese cambio es lo que permite que el siguiente paso —la escala— no sea un riesgo…

sino una consecuencia lógica.

Porque cuando la base es sólida…

la expansión deja de ser incierta.

Y cuando la estructura es clara…

el crecimiento deja de depender del esfuerzo adicional.

Ese es el propósito de este capítulo.

No frenar el avance.

Sino prepararlo para que sea sostenible.

Porque en los niveles altos, el objetivo no es solo crecer.

Es crecer sin perder estabilidad.

Y eso solo ocurre cuando lo que ya existe…

está completamente consolidado.

29

CAPÍTULO 20 - MULTIPLICAR LO QUE YA FUNCIONA

El crecimiento inicial exige creación.

La escala exige selección.

Cuando un sistema comienza a generar resultados, el desafío ya no es producir más.

Es decidir correctamente dónde concentrar.

Este es uno de los puntos más críticos del proceso.

Porque en este nivel, las oportunidades aumentan.

Nuevas ideas.

Nuevas propuestas.

Nuevas direcciones.

Y cada una parece válida.

Pero no todas son estratégicas.

Aquí es donde la mayoría se desvía.

Confunde expansión con dispersión.

Empieza a construir múltiples caminos al mismo tiempo.

Divide su atención.

Fragmenta sus recursos.

Y el resultado es predecible:

Pierde profundidad.

Porque lo que se divide constantemente...

no alcanza a desarrollarse completamente.

Aquí es donde aparece el principio central de este capítulo:

Escalar no es hacer más cosas.

Es hacer crecer lo que ya funciona.

Este cambio de enfoque es determinante.

Porque elimina la necesidad de empezar desde cero...

y permite aprovechar lo que ya ha sido validado.

Un sistema que ya genera resultados tiene algo que ningún nuevo intento tiene:

Evidencia.

Funciona bajo condiciones reales.

Ha demostrado consistencia.

Tiene estructura.

Multiplicarlo no es especulación.

Es estrategia.

Pero esto requiere algo específico:

Renunciar a lo innecesario.

No todo lo que puede hacerse debe hacerse.

Y en niveles altos, esta decisión es más importante que cualquier acción.

Porque cada nueva dirección implica:

Más tiempo.

Más energía.

Más complejidad.

Y la complejidad mal gestionada...

reduce eficiencia.

Por eso, escalar implica elegir con precisión.

Identificar qué parte del sistema produce mayor impacto...

y concentrar recursos en ella.

Ampliar su alcance.

Optimizar su operación.

Aumentar su capacidad.

Sin alterar su esencia.

Aquí es donde el crecimiento se vuelve inteligente.

No se basa en cantidad.

Se basa en enfoque.

Un sistema bien desarrollado puede multiplicarse de múltiples formas:

Más clientes.

Más distribución.

Más eficiencia interna.

Pero todas estas formas parten del mismo punto:

Una base sólida.

Este es el error que muchos cometen.

Intentan diversificar antes de dominar.

Expanden antes de consolidar.

Multiplican antes de entender completamente.

Y al hacerlo, reducen el impacto de lo que ya funciona.

Aquí es donde entra la disciplina estratégica.

No reaccionar a cada oportunidad.

Sino evaluar cada decisión bajo un criterio claro:

¿Esto fortalece lo que ya funciona...

o lo dispersa?

Si fortalece, se considera.

Si dispersa, se descarta.

Este filtro cambia completamente el resultado.

Porque permite que el sistema crezca en profundidad...

antes de crecer en amplitud.

Y esa profundidad es lo que hace posible la escala real.

Aquí es donde el crecimiento deja de depender de nuevas ideas...

y empieza a depender del desarrollo continuo.

Este es el punto donde el sistema madura.

Donde la ejecución deja de ser reactiva…

y se vuelve deliberada.

Y donde cada acción responde a una estrategia…

no a una oportunidad momentánea.

Ese es el propósito de este capítulo.

No generar más.

Sino multiplicar mejor.

Porque cuando se desarrolla completamente lo que ya funciona…

el crecimiento deja de ser incierto.

Y se convierte en una consecuencia directa del enfoque.

30

CAPÍTULO 21 - PROTEGER Y SOSTENER LA RIQUEZA

Construir riqueza es un proceso.

Sostenerla es una disciplina.

A medida que el sistema crece, también lo hacen sus riesgos.

No solo financieros.

También operativos.

Y, en muchos casos, invisibles.

Este es el punto donde muchos sistemas fallan.

No por falta de capacidad.

Sino por falta de previsión.

Se enfocan en generar.

En crecer.

En expandirse.

Pero no en proteger.

Y lo que no se protege...

eventualmente se pierde.

Aquí es donde aparece la última evolución del sistema.

No en cómo producir más…
sino en cómo sostener lo que ya existe.

Porque en niveles altos, el objetivo cambia.

Ya no es solo crecer.

Es mantener, preservar y asegurar continuidad.

Esto implica algo específico:

Reducir vulnerabilidad.

No depender de una sola fuente.

No concentrar decisiones críticas.

No operar sin respaldo.

La diversificación, en este punto, deja de ser una opción.

Se convierte en necesidad.

Pero no como expansión desordenada.

Sino como distribución estratégica.

Diferentes fuentes.

Diferentes estructuras.

Diferentes niveles de exposición.

Esto permite que el sistema no dependa de un solo factor.

Y cuando un sistema no depende de un solo factor…
se vuelve resistente.

El segundo elemento es la organización.

A medida que la riqueza crece, la informalidad se vuelve un riesgo.

Decisiones sin estructura.

Procesos sin claridad.

Responsabilidades difusas.

Todo eso introduce fricción.

Y la fricción, en niveles altos, tiene un costo mayor.

Por eso, la organización se vuelve crítica.

Definir estructuras.

Separar funciones.

Mantener control claro.
Porque un sistema organizado...
es un sistema sostenible.
El tercer elemento es la disciplina.
No relajar el sistema cuando los resultados son buenos.
Este es uno de los errores más comunes.
Cuando todo funciona, se baja la guardia.
Se flexibilizan reglas.
Se toman decisiones impulsivas.
Se asume que el sistema es indestructible.
Pero no lo es.
Y es precisamente en ese momento...
cuando más se necesita mantener la estructura.
Porque la riqueza no se pierde en el inicio.
Se pierde en la relajación.
Este es el último nivel de operación.
No construir.
No solo escalar.
Sino sostener.
Sostener en el tiempo.
Sostener en diferentes condiciones.
Sostener más allá de la participación directa.
Aquí es donde el sistema deja de ser un conjunto de acciones...
y se convierte en una estructura que trasciende.
No depende de un momento.
No depende de una decisión.
Depende de cómo está construido.
Y cuando está construido correctamente...
puede mantenerse.
Ese es el objetivo final.
No solo generar riqueza.

Sino crear un sistema capaz de conservarla,
protegerla
y sostenerla en el tiempo.
Porque al final, la diferencia no está en cuánto se gana...
Está en cuánto se mantiene...
y por cuánto tiempo.

PARTE III

PARTE 3 - ACTIVACIÓN

Comprender un sistema no lo convierte en resultado.

Aplicarlo sí.

Hasta este punto, has recorrido cada nivel del proceso:

Has entendido el error estructural.

Has construido control.

Has eliminado fricción.

Has acumulado.

Has invertido.

Has generado flujo.

Y has visto cómo escalarlo.

Pero nada de eso tiene valor…

si no se convierte en ejecución.

Aquí es donde la mayoría se detiene.

No por falta de capacidad,

sino por falta de transición.

Consume información.

Entiende conceptos.

Reconoce patrones.

Pero no actúa con estructura.

Y sin estructura, la acción se vuelve inconsistente.

Se intenta.

Se detiene.

Se reinicia.

Y el sistema nunca se consolida.

Por eso esta parte existe.

No para explicar más.

Sino para activar.

No para agregar contenido.

Sino para definir ejecución.

A partir de este punto, el enfoque cambia completamente.

De entender…

a hacer.

De analizar…

a decidir.

De planear…

a operar.

Aquí no se introducen nuevas ideas.

Se organiza todo lo anterior en un proceso claro.

Un plan.

No genérico.

No abstracto.

Sino aplicable.

Paso a paso.

Sin ambigüedad.

Sin dependencia de motivación.

Porque la motivación no sostiene resultados.

La estructura sí.

Este es el momento donde se define la diferencia final.

No en lo que sabes.
Sino en lo que haces con ello.
Puedes haber entendido todo este sistema...
y seguir en el mismo lugar.
O puedes ejecutar con precisión...
y cambiar completamente tu trayectoria.
La diferencia no está en el contenido.
Está en la decisión.
Y esa decisión ocurre aquí.
No mañana.
No cuando las condiciones sean perfectas.
Ahora.
Porque el sistema no necesita más información.
Necesita implementación.
Y a partir de este punto...
eso es exactamente lo que vas a hacer.

31

TU PLAN MILLONARIO PASO A PASO

Un sistema solo tiene valor cuando se ejecuta.

Todo lo que has leído hasta este punto puede resumirse en una secuencia clara.

No necesitas más información.

Necesitas orden.

Este es el plan.

No es teórico.

No es opcional.

Es la forma en la que el sistema se convierte en resultado.

Paso 1 — Establecer control total

Antes de avanzar, debes saber exactamente qué ocurre con tu dinero.

Cuánto entra.

Cuánto se mantiene.

Y hacia dónde se dirige.

Sin claridad, no hay decisión correcta.

Durante los próximos días, registra todo.

No ajustes aún.

No intentes optimizar.

Solo observa.

Porque no puedes cambiar lo que no entiendes.

Paso 2 — Definir tu estructura financiera

Una vez que tienes visibilidad, estableces reglas.

Qué porcentaje se destina a gastos.

Qué porcentaje se conserva.

Qué porcentaje se prepara para crecimiento.

Esta estructura no se negocia.

Se aplica en cada ingreso.

Sin excepción.

Porque lo que se negocia constantemente…

no se sostiene.

Paso 3 — Eliminar fricción (deuda)

Si tienes deudas, este es el siguiente enfoque.

No disperses esfuerzo.

No improvises.

Define una prioridad.

Ataca una deuda a la vez.

Con consistencia.

Hasta eliminarla.

Cada deuda que desaparece libera capacidad.

Y esa capacidad es lo que necesitas para avanzar.

Paso 4 — Activar acumulación

Una vez que el sistema está bajo control, comienzas a construir base.

No ahorras lo que sobra.

Acumulas primero.

Una proporción fija.

En cada ingreso.

Sin interrupciones.

Esto no es opcional.

Es la base de todo lo que sigue.

Paso 5 — Iniciar inversión

Cuando existe acumulación, el dinero debe empezar a producir.

No esperes el momento perfecto.

No intentes acertar.

Participa.

De forma constante.

En intervalos definidos.

Porque el crecimiento no depende de una decisión…

depende de la repetición.

Paso 6 — Construir una fuente de ingreso automático

Con base, control e inversión, ahora construyes.

No buscas dinero.

Construyes un activo.

Algo que pueda generar flujo de forma continua.

No múltiples intentos.

Uno bien estructurado.

Y lo desarrollas hasta que funcione.

Paso 7 — Escalar lo que funciona

Cuando algo genera resultados, no cambias de dirección.

Lo amplías.

Más alcance.

Más eficiencia.

Más capacidad.

No dispersas.

Profundizas.

Porque el crecimiento real proviene de lo que se desarrolla completamente.

Paso 8 — Proteger y sostener

A medida que el sistema crece, debes mantenerlo.

No relajar reglas.

No improvisar decisiones.
Diversificar.
Organizar.
Proteger.
Porque construir riqueza es difícil.
Pero perderla... es rápido.
Este es el plan completo.
No necesitas hacerlo perfecto.
Necesitas hacerlo constante.
No todo al mismo tiempo.
Paso por paso.
Pero sin detenerte.
Porque el sistema no funciona por intensidad.
Funciona por continuidad.
Aquí es donde se define todo.
No en lo que entendiste...
sino en lo que estás dispuesto a ejecutar.
Este plan no cambia.
No depende de tendencias.
No depende de condiciones externas.
Depende de ti.
Y si lo ejecutas como está diseñado...
el resultado no es incierto.
Es inevitable.

32

DE LECTOR A EJECUTOR

Leer no cambia resultados.
Ejecutar sí.
Este es el punto donde todo lo anterior se define.
No en la calidad del contenido.
No en lo que entendiste.
Sino en lo que estás dispuesto a hacer a partir de ahora.
La mayoría de las personas llega hasta aquí.
Lee.
Comprende.
Se identifica.
Y luego... no cambia nada.
No porque el sistema no funcione.
Sino porque no lo implementa.
Ese es el patrón.
Se consume información como si fuera progreso.
Pero el progreso no ocurre en la lectura.
Ocurre en la ejecución.
Este es el momento donde se rompe ese ciclo.

Porque ya no necesitas más claridad.

Ya sabes qué hacer.

Ya sabes en qué orden.

Ya sabes por qué funciona.

Lo único que queda es una decisión:

Seguir igual...

o operar distinto.

No existe un punto intermedio real.

Porque cualquier cambio parcial, sin estructura, termina regresando al mismo lugar.

Aquí es donde la diferencia se vuelve evidente.

No entre quienes saben más...

sino entre quienes ejecutan.

La ejecución no requiere perfección.

Requiere inicio.

Requiere tomar el primer paso sin esperar condiciones ideales.

Porque esas condiciones no existen.

Siempre habrá incertidumbre.

Siempre habrá variables.

Siempre habrá razones para esperar.

Pero esperar no construye.

Ejecutar sí.

Este sistema no depende de motivación.

Depende de repetición.

No depende de intensidad inicial.

Depende de consistencia.

Por eso, el cambio real no ocurre en un momento.

Ocurre en la acumulación de decisiones correctas.

Una tras otra.

Sin interrupciones innecesarias.

Este es el punto donde te conviertes en operador.

Donde dejas de reaccionar...

y empiezas a dirigir.

Donde el dinero deja de ser algo que llega y se va...

y se convierte en algo que se organiza, crece y se sostiene.

Pero eso no ocurre automáticamente.

Ocurre cuando decides aplicar lo que ya entiendes.

No necesitas más teoría.

No necesitas más validación.

Necesitas empezar.

Hoy.

No con todo.

Pero sí con algo.

El primer paso.

Luego el siguiente.

Y después, mantener.

Porque eso es lo que construye el resultado.

No una acción aislada.

Sino una secuencia sostenida.

Este libro no cambia tu vida.

Lo que haces después de leerlo... sí.

Y ese "después" comienza ahora.

No cuando tengas más tiempo.

No cuando todo esté claro.

Ahora.

Porque el sistema ya está definido.

Y lo único que falta...

es que lo pongas en marcha.

33

EL PUNTO DE NO RETORNO

Hay un momento en el que ya no puedes volver atrás.

No porque algo externo cambie.

Sino porque tú ya entendiste demasiado.

Ese momento no es visible.

No ocurre cuando terminas un capítulo.

No ocurre cuando entiendes un concepto.

Ocurre cuando ves el sistema completo...

y reconoces, con claridad, que seguir igual es una decisión.

A partir de aquí, ya no puedes decir que no sabías.

Ya no puedes justificar resultados con falta de información.

Porque ahora entiendes:

Cómo se pierde el dinero.

Cómo se organiza.

Cómo se construye.

Y cómo se multiplica.

Y cuando esa claridad existe...

la ignorancia deja de ser una excusa.
Aquí es donde aparece una incomodidad distinta.
No es duda.
No es confusión.
Es conciencia.
Sabes que podrías hacerlo mejor.
Sabes que podrías operar distinto.
Y sabes que no hacerlo...
también es una decisión.
Este es el punto de no retorno.
Porque a partir de aquí, hay dos caminos.
El primero es familiar.
Seguir como siempre.
Hacer pequeños ajustes.
Intentar de vez en cuando.
Volver a lo mismo.
Nada cambia realmente.
Solo se mantiene.
El segundo camino es distinto.
No es más complejo.
No es más difícil.
Pero sí es más consciente.
Implica aplicar lo que ya entiendes.
Sin perfección.
Sin dramatismo.
Pero sin retroceder.
Aquí es donde la mayoría falla.
No en la capacidad.
Sino en la decisión.
Porque cambiar no requiere saber más.
Requiere dejar de negociar contigo mismo.
Dejar de justificar lo que sabes que no funciona.
Y empezar a ejecutar, incluso cuando no es cómodo.

Este momento no es emocional.
Es lógico.
Si entiendes el sistema...
y no lo aplicas...
el resultado no es incertidumbre.
Es continuidad.
Más de lo mismo.
Ese es el costo real.
No el error.
Sino la repetición.
Este capítulo no existe para motivarte.
Existe para dejar algo claro:
A partir de aquí, todo depende de ti.
No del contexto.
No del mercado.
No de la suerte.
De cómo decides operar.
Porque el sistema ya está definido.
Y cuando un sistema está definido...
el resultado no es una posibilidad.
Es una consecuencia.
La única variable que queda...
es si lo ejecutas.
Este es el punto de no retorno.
No porque algo cambie afuera.
Sino porque tú ya sabes.
Y cuando sabes...
seguir igual deja de ser una opción neutral.
Se convierte en una elección.
Y ahora...
esa elección es tuya.

EPÍLOGO

El sistema y el tiempo

El dinero no cambia a las personas.

Las revela.

Amplifica lo que ya existe.

Expone decisiones.

Y deja en evidencia la forma en la que se ha vivido hasta ese momento.

Por eso, este libro nunca fue realmente sobre dinero.

Fue sobre estructura.

Sobre cómo decides.

Cómo organizas.

Y cómo construyes a lo largo del tiempo.

Porque el dinero, en esencia, es una consecuencia.

No de un momento.

Sino de un sistema sostenido.

Ese sistema no se forma en grandes decisiones.

Se forma en lo repetido.

En lo que haces cada vez que recibes un ingreso.

En lo que decides conservar.

En lo que eliges construir.

Día tras día.

Periodo tras periodo.

Sin que sea evidente al inicio.

Aquí es donde el tiempo se convierte en el factor más importante.

No como algo que pasa.

Sino como algo que acumula.

El tiempo amplifica lo que ya está estructurado.

Si el sistema es débil, el tiempo lo expone.

Si el sistema es sólido, el tiempo lo multiplica.

Esa es la diferencia.

No entre quienes tienen suerte y quienes no.

Sino entre quienes operan con intención...

y quienes operan sin estructura.

A lo largo de este libro, el enfoque ha sido claro:

Eliminar lo que frena.

Construir lo que sostiene.

Y desarrollar lo que crece.

Pero nada de eso ocurre en un instante.

Ocurre en continuidad.

En decisiones que, por sí solas, parecen pequeñas.

Pero que, acumuladas, cambian completamente el resultado.

Ese es el punto que la mayoría no alcanza a ver.

Porque busca cambios visibles de inmediato.

Pero la realidad es otra.

Los resultados visibles son consecuencia de procesos invisibles sostenidos en el tiempo.

Este sistema no promete rapidez.

Promete dirección.

No elimina el esfuerzo.

Lo organiza.

Y al hacerlo, permite que el tiempo deje de ser un límite...

y se convierta en un aliado.

Este es el verdadero valor.

No cuánto dinero puedes generar en un momento.

Sino qué tan sólido es el sistema que lo sostiene.

Porque cuando el sistema es correcto,

el crecimiento no depende de condiciones perfectas.

Depende de continuidad.

Y la continuidad, con el tiempo, se vuelve determinante.

Aquí es donde todo se simplifica.

No necesitas hacer más.

Necesitas hacer lo correcto... de forma constante.

No necesitas acertar una vez.

Necesitas sostener un proceso.

Porque al final, la diferencia no está en una decisión extraordinaria.

Está en la repetición de decisiones correctas durante el tiempo suficiente.

Ese es el sistema.

Y ahora lo entiendes.

Lo único que queda...

es vivirlo.

CONOCE AL AUTOR: EL FUNDADOR DE INSPIRED LEGACY PRESS

Edgar Hernández es **autor, conferencista** y **arquitecto de la transformación humana**. Es fundador de **Inspired Legacy Press**, un sello editorial independiente desde el cual lidera un movimiento global dedicado a la **maestría** y la **evolución del potencial humano**.

Su trabajo integra **filosofía, ciencia** y **psicología conductual** con **inteligencia emocional, neurobiohacking, biología del rendimiento, ciencia de la longevidad, hábitos de alto nivel** y **desarrollo físico sistemático**, con el propósito de cultivar **claridad mental, fortaleza interior** y una **disciplina inquebrantable**.

Es el creador del **Inspired Legacy Framework**, un sistema de transformación humana construido sobre **cuatro dimensiones fundamentales: Identidad, Cuerpo, Riqueza y Espíritu**. Este marco ha sido diseñado para quienes eligen **forjar su carácter, dominar su energía vital, expandir su conciencia** y construir una vida sustentada en **resultados reales**, más allá de la motivación pasajera.

A través de sus libros y enseñanzas sostiene una convicción central:

Quienes dominan su mente, sus emociones y sus hábitos... dominan su destino.

El Sistema Editorial Inspired

Este libro forma parte del **Sistema Editorial Inspired**, una arquitectura editorial concebida para la **transformación integral del ser humano.**

Es un sistema construido sobre **principios, estructura y una visión de largo plazo**, donde cada obra cumple una función específica dentro de un propósito mayor: desarrollar una **identidad consciente**, cultivar **claridad mental**, fortalecer la **autodisciplina**, consolidar la **fortaleza interior** y generar resultados sostenibles en las **cuatro dimensiones del desarrollo humano: Identidad, Cuerpo, Riqueza y Espíritu.**

El propósito del **Sistema Editorial Inspired** es **refinar el juicio, elevar el pensamiento y forjar el carácter.**

Cada libro es un pilar. Cada concepto es una herramienta. Cada página está diseñada para transformar la manera de pensar, decidir y vivir.

Este sistema está dirigido a quienes comprenden que el **crecimiento personal** no es una tendencia pasajera, sino una **práctica deliberada, disciplinada y estructurada**; que la **libertad** se construye mediante **conocimiento, decisión y coherencia**; y que todo **legado verdadero** comienza en la **arquitectura de la mente.**

Una filosofía de vida

Esto no es autoayuda. Es arquitectura humana.
Domina tu identidad.
Fortalece tu cuerpo.
Multiplica tu riqueza.
Expande tu espíritu.
Construye poder.
Construye libertad.

Construye legado.
Bienvenido al Universo Inspired.

instagram.com/edgarhernandezofficial
facebook.com/EdgarHernandezOfficial
youtube.com/@EdgarHernandezOfficial

Printed in Dunstable, United Kingdom

91342777R00086